박정환의 현장

일러두기

이 책의 판형은 125*188이다.

표지와 내지의 재질은 각각 CCP250g, 미색모조100g이며, 표지는 유광코팅
하였다.

서체는 주로 **아르바나**가 쓰였다. 이 밖에 Sandoll 그레타산스 등도 적재적소에
쓰였다.

이 책의 표지는 별색(PANTONE 185C)과 먹의 2도, 내지는 먹 1도 무선 제본
이며, 오프셋 인쇄방식으로 제작되었다.

우리의 자리
박정환의 현장: 다시, 주사위를 던지며

2022년 9월 12일 초판 1쇄 발행

지은이: 박정환
기획총괄: 지다율
편집: 지다율
표지 및 내지 디자인: 기경란
발행처: 출판공동체 편않
등록일: 2022년 7월 27일
홈페이지: editorsdontedit.com
이메일: editors.dont.edit@gmail.com
인쇄: 제일프린팅
ISBN 979-11-979810-1-2 (03070)
ISBN 979-11-979810-0-5 (세트)

차례

프롤로그 _'박총'은 어쩌다 기자가 되었는가

어느새 10년 차 기자라니……

진부한 얘기일 수 있지만 10년이면 강산이 변한다는데, 이렇게 한 직종을 업으로 삼아 10년을 했다는 점이 신기할 따름이다. 생각해 보면 인턴기자가 된 2012년 11월 무렵은 18대 대선이 코앞이었고, 탄핵 정국을 거쳐 5년 차 때인 2017년 5월은 19대 대선이었으며, 10년 차인 최근 20대 대선이 마무리됐다. 대선이라는 정치적인 큰 이벤트도 있었지만 사회, 경제적인 면에서 늘 크고 작은 일이 끊이지 않았다. 자주 회자되는 말이지만 기자들도 심심찮게 쓰는 말이 있다. 다이내믹 코리아. 이 단어를 쓸 때는 나도 모르게 박수가 나오곤 한다. 한국 사회의 역동성이 그만큼 어마어마하단 얘기다. 이슈가 어디서 터질지, 어디로 흘러갈지 예상이 쉽게 되지 않는다. 10년 동안 때론 그 한복판에서, 때론 근거리에서, 때론 원거리에서 취재하고 기록해 왔다.

역사의 기록자

기자를 지칭하는 고급스러운 표현 중 하나다. 그런데 기자는 단순히 기록만 하지 않는다. 그 안에 나름의 시시비비(是是非非)를 담는다. 현상과 함께 현상 너머를 봐야 한다. 무엇이 과연 진실인지 기사를 마감할 때까지 판단이 안 서는 경우도 있다. 수사기관이 아니니 자료를 억지로 압수하거나 진술을 강요할 수도 없다. 드러나 있는 증거나 자료들, 내부 증언자들, 평소 친분 관계를 쌓았던 취재원들, 전문가들, 그 밖에 눈과 귀로 보고 듣는 모든 것, 오감을 총동원해야 준비가 마무리된다. 그리고 숨을 고르며 기사를 쓰기 시작한다.

나는 정말 마감을 못하는 기자였다. 신문에 실린 나의 첫 기사는 사건 스트레이트도 아니고 취재 기사도 아니고 칼럼은 더더욱 아니었다. 원고지 3매 수준에 '꽈발마'라는 이름의 풍자 코너였다. 대학교 2학년 2학기 때 학보사에 입사했다. 수습기자들은 첫 마감일에 '따발마'를 작성해야 한다. 신입인 만큼 기발한 아이디어를 기대한다는 의미에서다. 각종 사회 문제들을 노래 가사, 시, 유행어, 개그 코너 등에 대입해 쓰고 그 밑에 간단한 설명을 써야 한다. 보도국장 선배의 데스킹을 통과하면 편집장 선배의 데스킹이 기다린다. 나는 보도국장 선배 데스킹도 통과하지 못한 채 그대로 밤을 꼬박 새웠다. 겨울인데 새벽이 되자 히터도 꺼진 상태라 너무 추웠다. 학보사 사무실 한쪽 구석에 있는 신문지를 덮고 덜덜 떨었다. 그 모습이 불쌍했던지 아침 8시가 되어서야 겨우 원고가 통과됐다. 수업이 끝나고 오후 6시부터 마감을 시작했으니 3매 원고 쓰는 데 꼬박 14시간이 걸린 셈이다. 하지만 안타깝게도 내 '따발마'는 지면에 실리지 못했다.

현직 기자가 되고 나서도 마감에 늘 애를 먹었다. 주간지에서 첫 기자 생활을 시작하고 나서는 매주 금요일마다 찾아오는 마감일이 늘 공포스러웠다. 가끔 출근길에 두 팔이 부상당하는 상상을 하곤 했다. 하지만 그랬다간 입에 펜을 물고 키보드를 치게 되는 사태가 벌어질 것 같았다. 통신사로 이직하고 나서는 수시로 찾아오는 마감 시간이 괴로웠다. 방송사로 또 이직한 뒤, 현재까지도 마감은 무시무시한 적이다. 돌아보면 정해진 시간보다 빨리 마감한 기사는 거의 없다. 마감시간을 거의 꽉 채우는, 가끔 초과하는 느림

보 기자다.

　　마감 이야기를 길게 풀어 놓는 이유는 '역사의 기록자'라는 고급스러운 표현 뒤에 숨은 지극히 인간적인 고통과 괴로움을 표현하고 싶어서다. 어느 현직 기자가 서점에서 가던 발걸음을 멈추고 이 책을 펴 본다면, 대부분은 오늘 힘들었거나 고통받았을 것으로 추정된다. 마감을 앞뒀거나 끝마쳤을 수도 있다. 마감을 앞뒀다면 나와 비슷한 부류다. 최대한 다른 짓을 하다가 위기의식이 최고조에 달했을 때 기사를 쓰는 유형. 마감을 끝마쳤다면 축하한다. 하지만 내일 기사로 쓸 만한 발제 아이템이 있는지 조심스레 묻고 싶다.

　　발제와 마감에 쫓기면서 세상에 내놓은 기사는 여론의 평가를 받는다. 그런데 기자 상당수는 '기레기'(기자+쓰레기), '기더기'(기자+구더기) 등의 표현에 직면한다. '역사의 기록자'는커녕 '훼방꾼', '양치기 소년' 이미지가 강하다. 인터넷에는 쓰레기로 판단되는 기사를 제보 받고, '기레기' 점수를 매기는 사이트도 생겼다. 조국 전 법무부 장관이 후보자였던 시절인 2019년 9월, 검증이 최고조에 이르고 청문회까지 무산되자 국회에서 무제한 기자회견을 열었다. 당시 질문했던 기자들은 '기자간담회 질문 기자 총 56인'이라는 제목으로 인터넷 커뮤니티에 얼굴과 소속, 실명 등이 그대로 박제돼 비판과 조롱을 받았다. 당시 정치부 소속이었던 나 역시 그중 한 명이다.

'기레기·기더기'는 이미 하도 널리 퍼진 표현이라 주변 기자들 사이에선 '그러려니' 하는 반응을 많이 보이는 편이다. 물론 면전에서 직접 들으면 화도 날 것이다. 하지만 그 소리를 듣고 분노를 참지 못해 직접 1인 시위 등 반발 행동을 보이는 기자는 아직 보지 못했다. 기자들 자신조차도 취재원이나 출입처에 '갑질' 하거나 사실관계도 틀리고 정도를 넘는 기사를 쓴 기자를 보면 '기레기'라고 표현하곤 한다. 어쩌면 우리도 서서히 인식하고 있는 듯하다. 사회적 평가는 갈수록 박해지고 취재 환경은 갈수록 수월하지 않다는 것을, 수없이 늘어난 언론 매체와 각종 플랫폼으로 생존 경쟁은 더욱 치열해질 것이란 것을, 우리 스스로 '기레기·기더기'라는 세간의 평가를 반전시킬 계기가 딱히 보이지 않는다는 것을, 끝으로 무관심보다는 차라리 그런 관심이라도 반갑다는 초긍정적인 마음까지……

"좋은 시절 다 갔다"

언론계 선배들이 과거를 회상할 때 습관처럼 하는 말 중 하나다. 예전만큼 '기자 대우'를 받지 못한다는 의미가 저변에 깔려 있다. 매체가 손에 꼽을 정도로 적었던 그 시기에 기사를 쓰는 기자들은 말 그대로 귀했다. 출입처에서는 귀빈 대접을 받았다고 한다. 하지만 그때도 그때 나름대로의 고충과 고뇌가 있었을 것이다. 현재를 달려갈 때는 이 시기 자체가 좋은지, 나쁜지 분간이 잘 되지 않는 듯하다. 과거를 기준 삼아 비교를 할 뿐이다. 옛날 옛적, 얼차려를 시키거나 욕설이 난무하는 한편, 사무실에는 담배 연기가 가득하고 기사가 미흡하면 가차 없이 원고지를 찢어 던졌다는 일들, 매일 새벽까지 술을 마시고 출근을 반복했다는 일들은 이제 일종의 무용담과 추억이 됐다. 그만큼 과거는 기억에서 미화가 된다. MZ세대 선두에 있는 허리급 기자들이 신입 기자들에게 "우리 땐 '하리꼬미' 다 했어. 지금은 좋을 때다"라고 말하는 것처럼 말이다. 수습 시절 경찰서에서 숙식하며 취재한다는 의미의 일본식 언론계 은어 '하리꼬미'는 오랫동안 악습이라는 지적을 받다가 주 52시간제가 도입되어 역사 속으로 사라졌다.

이제 10년 차인 나를 기준으로 단순히 본다면, 언론계 선배들은 변화하는 언론 지형에 적응하느라 하루하루가 고된 모습이다. 취재 기사의 질뿐 아니라 온라인 기사 조회 수에 유튜브 등 영상 플랫폼 활용까지 신경 써야 하는 시기가 왔다. 후배들 눈치는 덤이다. 'MZ세대는 확실히 다르다'라는 한숨 섞인 푸념이 자주 들린다. 10년 차 안팎의 허리급 기자들은 선배들을 섬기면서도, 후배들을 직접 챙겨야 하는 역할을 맡는다. 취재 환경은 점점 삭막해지는데 나름의 고급 정보를 물어 오는 이른바 '고공 취재'를 담당해야 하는 임무도 주어진다. 현장 최일선에서 뛰는 막내급 기자들은 선배들의 '좋은 시절' 애기에 답답할 뿐이다. 자주 들락날락했던 경찰서 사무실 문들은 과거만큼 호락호락하게 열리지 않는다. '조국 전 법무부장관 일가 의혹' 검찰 수사를 계기로 그동안 사문화되었던 수사기관의 '피의사실 공표 금지'가 되살아나면서 수사 내용의 언론 공개는 까다로워졌다. 게다가 코로나19라는 초유의 역병이 한창인 시기다. 현장 취재의 제약은 당연히 뒤따를 수밖에 없다.

서론이 다소 길어졌지만, 이 책을 쓰게 된 계기는 현재를 살아내는 한 기자의 이야기를 담고 싶어서다. 발제와 마감에 치이고, '기레기·기더기'라는 조롱을 받고, 취재 환경이 갈수록 각박해지더라도, 기자들은 꾸역꾸역 진실을 알아내고자 하루를 쓴다. 사회 정의를 위해, 혹은 권력 부패를 사회에 고발하기 위해, 혹은 고통받고 있을 누군가를 위해, 매일 누군가를 만나고 전화 통화를 하고 자료를 살피고 머리를 맞대고 키보드를 두드린다. 그 과정에서 지극히 평범한 10년 차 기자가 쓴 이 책이 선배, 동기, 후배 들을 불문하고 작은 힘이 됐으면 하는 바람이다.

'나보다 훨씬 못하네' '저것보단 내가 잘하겠다' 등의 소감은 더욱 환영이다. 그만큼 실력 면에서 안도감을 줬다는 데 의의가 있다. 다른 한편으로는, 꼭 탁월한 소질이 없어도 좌절하지 않아도 된다는 것을 전해 주고 싶다. 마감도 느리고, 질문도 날카롭지 못하고, 조용하게 꾸준히 일만 했던 나 같은 기자도 있다. 그렇게 하루하루가 모여 가끔씩 의미 있는 기사를 쓸 때도 있었다. 아등바등 일해도 소질이 없다고, 스킬이 없다고 좌절감과 패배감에 너무 휩싸이지 않았으면 좋겠다. 나 역시 아직 가야 할 길이 한참 멀었지만, 꾸준히 하다 보면 수많은 인연과 운이 생각보다 크게 작용하는 게 이 언론계 판이라는 생각이 든다.

'나는 그렇게 생각 안 하는데' 등의 소감 역시 환영이다. 현재 언론 환경이 위기든 기회든, 기자 개개인이 갖고 있는 생각들을 나누는 계기가 됐으면 한다. 팀은 있지만 개인기가 사실상 더 중시되는 기자 특성상, 취재에 도움이 되는 것 외에 다른 현실적인 문제들에 대한 공유는 취약한 편이다. 물론 나도 마찬가지다. 세상을 날카롭게 보는 기자들이 오히려 물정을 모른다는 우스갯소리에는 사실 뼈가 담겼다. 기자가 자신을 향한 세간의 평가에 별로 신경 쓰지 않기 때문이다. 하지만 그럴수록 언론계는 점차 고립되는 것 아닐까? 무엇이 더 좋은 저널리즘인지, 낮아진 신뢰도를 회복할 수 있는 방안은 무엇인지, 시민들과의 연대감을 어떻게 끌어낼 수 있는지 등 다양한 대화의 장이 열리는 데 이 책이 작은 고리가 됐으면 한다.

기자 지망생들에게도 한마디 하고 싶다. 거창하고 멋진 기자 생활보다는 있는 그대로의 현실을 보여 주는 게 이 책의 의도다. 하지만 누군가에게는 아직 꿈일 그 현실에 이르는 데 필요하다면 손을 내밀고 싶다. 궁극적으로는 '더 좋은 사회'를 만들기 위해 서로 의지하는 동지가 됐으면 한다. 아직 10년 차 기자인 나뿐만 아니라, 모든 현직의 선후배님들이 그 길에 함께했으면 좋겠다.

1장
나는 무엇을 어떻게 썼는가

기자가 될지는 꿈에도 몰랐다

　　손석희 전 JTBC 앵커가 쓴 「지각 인생」이라는 수필이 있다. 마흔셋의 다소 늦은 나이에 외국 대학에 다니며 느꼈던 점을 쓴 글이다. 손석희 선배(실제로는 모른다. 워낙 대선배이기에. 예전에 회사 근처 김치찌갯집에 갔다가 먼발치에서 본 적은 있다)만큼은 아니지만 나 역시 현실 그대로 지각 인생이었다. 고등학교를 입학하고 나서 키가 갑자기 크자 관심도 없었던 멋을 슬슬 부리기 시작했다. 매일 아침 등교할 때 머리에 젤을 묻혀 최소 30분 이상 머리를 다듬었다. 당연히 지각은 수순이었다. 늘 아침 시간에 교실 앞 복도에서 오리걸음을 했다. 이를 함께하던 친구들이 있었다. 그 친구들과 함께 성적

등수도 자연스레 뒤편으로 밀려났다. 꿈이라는 것을 진지하게 생각해 본 기억은 없다. 고등학교 2학년 때 문·이과를 가르는 중요한 길목에서 선택의 기준은 참 간단했다. '친한 친구들이 많이 지원한 과', 바로 이과였다. 하지만 수능 모의고사 수리영역 점수는 80점 만점에 20점대 이상을 벗어나지 못했다.

졸업을 앞두고 앨범에 들어갈 장래희망을 써야 했다. 정말 쓸 게 없어서 뜬금없이 '대한민국 권력 정점에 오르자'라는 황당한 생각에 '대통령'을 써냈다. 그저 친구들을 웃기고 싶었다. 유일하게 정신을 조금 차린 시점은 수능 100일 정도를 앞두고서다. 독서실을 끊고 벼락치기 공부에 매진했다. 무엇인가를 이루고 싶어서가 아니라, 수능이라는 일종의 거대한 사회 시스템에 늦게나마 억지로 순응한 셈이다. 대학은 예비 순위로, 4차를 거치고 나서야 겨우 명지대 환경생명공학과에 추가 합격했다.

꿈에 대한 자각은 입대하고 나서야 조금씩 이뤄졌다. '특식을 많이 준다'는 얘기에 특공부대에 자원해 들어갔다. 공수훈련, 100km 행군, 사격, 헬기 레펠, 특공무술 등까지 훈련은 한계에 한계를 거듭했지만 그만큼 내무반 생활은 크게 억압하지 않는 분위기였다. 상병 무렵, 생활관 구석에 놓인 책들이 슬슬 눈에 들어왔다. 시간 날 때마다 조금씩 읽어 봤다. 그러다 『토토의 눈물』이라는 책을 만났다.

『토토의 눈물』은 일본 NHK 전속 탤런트 1호이자, 아시아 최초로 유니세프 친선대사를 지낸 일본인 구로야나기 테츠코가 쓴 책이다. 1984년부터 1996년까지 탄자니아, 에티오피아, 르완다, 인도 등 분쟁 지역을 방문해 고통받는 수많은 어린이들을 만난 내용이 담겼다. 인형 속에 장치된 폭탄으로 죽어 간 아이들, 어른들 대신 지뢰 탐지기로 사용된 아이들, 굶주림보다는 에이즈가 낫다며 단돈 400원에 매춘을 택하는 아이들까지. 이 모든 경험담은 일본으로 돌아와 방송 프로를 통해 생생히 전파됐다. 여론은 들썩였고 기부 행렬이 이어졌다. 저자는 다시 그 기운을 모아 분쟁 지역으로 향하기를 반복했다. 책을 읽으며 여러 번 눈시울이 붉어졌다. 특공부대원의 강인함을 유지하기 위해, 혹여나 동기나 후임들이 볼까 눈물은 최대한 몰래 닦아 냈다.

무엇보다 매체를 통한 영향력이 흥미로웠다. 좋은 사회를 위한 활동을 널리 알리고 공감대를 이끌어 내는 것만으로도 파급력은 엄청났다. 그게 바로 '선한 영향력' 아닐까라는 생각이 들었다. 이를 다수에게 전파할 수 있는 사람은 누구일까. 이 일을 잘할 수 있는 직업은 무엇일까. 어렴풋이 방송인, 아나운서, 기자라는 생각이 떠올랐다.

전역 후, 막연히 가졌던 생각들을 정리해 봤다. 현재 발을 디디고 있는 곳에서 무엇부터 시작할 수 있을까. 당장 다니고 있는 학교를 그만두고 완전히 새로 시작할 수도 없는 노릇이었다. 최적의 방법은 그나마 학과를 옮기는 것이었다. 아무런 꿈도 없이 수능 점수에 맞춰 공과대학에 들어왔지만 이제는 달라져야 했다. 가까스로 학점 기준을 맞추고 면접을 거쳐 신문방송학을 배우는 디지털미디어학과 입성에 성공했다.

'화석' 같은 선배

디지털미디어학과는 2005년에 생겼기에 최고참 학번은 05학번이다. 하지만 나는 04학번이다. 마치 우주로 치면 '빅뱅 이전' 같은, 혹은 살아 있는 '화석' 같은 선배였다. 그럼에도 '낄끼빠빠'('낄 때 끼고 빠질 땐 빠져라'의 줄임말)를 잘 몰랐다. MT는 다 따라가고 전공 수업을 들을 때 반장이나 조장을 뽑는다 하면 무조건 손을 들었다. 그만큼 알 수 없는 권력욕(?)에 허우적거렸다.

학과에는 기자뿐만 아니라 아나운서, PD, 광고업계 진출 등을 고민하는 친구들이 많았다. 나는 아나운서가 될 만한 외모와 발음은 자신이 없었다. PD 지망생 특유의 창의력과 기획력도 부족했다. 창의력 '끝판왕'인 광고업계는 가당치도 않았다. 결국 기자가 되겠다는 생각이 한층 강해졌다. 그러다 학생회관에 떡 하니 붙어 있는 명지대 학보사 '명대신문사' 수습기자 모집 포스터를 봤다. '학교에 신문사가 있다고?' 바로 지원서를 넣었다.

"나이가 좀 많으신데……", "어린 선배들한테 존댓말 쓸 수 있겠어요?"

면접 질문은 '나이'로 초점이 맞춰졌다. 편집장은 나보다 2살이 어렸다. 부장급은 3~4살, 평기자는 격차가 더 벌어졌다. "네, 당연합니다. 무조건 선배로 모시겠습니다." 90도 인사를 거듭했다. 떨어지면 겸허하게 받아들이겠다고 생각했지만, 한 번 기자를 경험해 보고 싶다는 마음만은 더욱 간절해졌다. 그리고 결국 '합격'을 통보받았다. 나중에 알고 보니 합격 이유는 단순히 '남자 기자가 없어서'였다.

학보사에서 나의 통일된 명칭은 '정환 씨'였다. 선배들도 '정환아'라고 부르기 어렵다며 존댓말을 썼다. 나이가 어린 동기들도 '정환 씨'로 불렀다. 시간이 지나 호칭 문제는 익숙해졌지만 정작 문제는 내 실력이었다. 일기도 제대로 써 보지 않아 간단한 스트레이트 기사를 쓰는 데도 시간이 한참 걸리기 일쑤였다. 학보사는 총 4학기 동안 활동했는데, 격주마다 찾아오는 마감 날 밤을 새우지 않은 적이 단 한 번도 없었다. 꿈도, 전과도, 학보사 입사도, 마감도 모두 거북이걸음을 반복했다.

'박총'으로 거듭나다

학보사를 퇴임하니 4학년 1학기가 끝나 있었다. 학보사 생활은 마치 학생과 기자, '투잡'을 뛰는 듯이 늘 고단하고 정신없었다. '기자 일이 이렇게 힘들다고?' 마음속에 의심이 짙어졌지만 학생 기자가 아닌 '현직 기자'는 어떨지 궁금했다. 하지만 아무런 준비가 되어 있지 않았다. 일단 입사 최소 기준인 토익부터 신발 사이즈를 벗어나지 못했다. 토익부터 해 보자는 생각에 휴학을 한 뒤 독서실 총무에 지원했다. 한 달 월급이 40만 원인 데다가 덤으로 자리도 하나 줬기 때문이다. 당시 자리가 있던 방의 이름은 '보리수'였다. 마치 보리수 아래서 깨달음을 얻은 석가모니처럼, 수행을 하듯 매일 '츄리닝'만 입고 토익 공부에 매진해 겨우 800점을 채웠다. 6개월 정도 근무하는 동안 학생들, 그리고 공무원 준비생들과도 친해졌는데, 그때 박 총무를 줄인 '박총'이라는 별칭을 얻었다.

대학 졸업 직후에도 '박총'의 지위는 유지됐다. 독서실 총무는 아니지만 고시원 총무로 아르바이트 자리를 구했기 때문이다. 고시원은 독서실보다 한층 더 업그레이드된 혜택을 제공했다. 월급 40만 원, 방 제공, 쌀과 김치 공짜. 그 정도면 충분했다. 휴대전화는 해지했다. 주변 사람들에게 양해를 구하고 연락을 끊었다. 잠수의 길로 나아간 것이다.

우선 아침에 일어나면 근처 공원에서 가볍게 조깅을 했다. 그 다음에는 보수, 진보 성향의 신문을 하나씩 읽어 나갔다. 중요한 기사나 눈에 띄는 칼럼, 사설은 공책에 오려 붙이거나 필사했다. 근무할 때는 책을 읽다가 지루하면 영화나 드라마를 봤다. 어떤 소재가 글감이 될 수 있을지, 마치 리트머스지처럼 흡수하는 데 주력했다. 감상평들은 블로그나 일기에 남겼다. 자기 전에는 한자를 20개씩 외웠다. 잠을 청할 때는 시사나 철학 등을 주제로 하는 팟캐스트를 들었다.

물론 이런 일과를 매일 철통같이 지켰던 것은 아니다. 하루 종일 방황하기도 했고, 예능을 보며 낄낄거리는 후회 가득한 날들을 보내기도 했다. 라면을 안주 삼아 고시원에 앉아 신세 한탄을 하며 '혼술' 하는 나날들도 있었다. 언론사를 향한 야심 찬 지원도 면접까지 가지 못하고 우수수 떨어지면서 이대로 백수로 머무는 게 아닌지 걱정도 됐다. 심하면 '왜 기자가 되려고 하는가' 하는 의문을 넘어 '삶은 무엇인가', '왜 사는가'라는 근본적 생각까지 미쳤다. 철학 책을 읽어 보다가 니체에 빠지게 된 것도 그즈음이다.

특히 니체의 '영원회귀론'이 마음에 들었다. 지금 우리의 삶이 무한히 반복되고 있다는 것. 미래의 나를 위해 현재를 희생한다고 생각하는 게 아니라 그저 이 시기를 마주하고 새롭게 매일 거듭나 보자는 생각까지 이르렀다. 어쩌면 삶은 '주사위 놀이' 같았다. 매일 던지는 게 반복되지만 늘 예상치 못한 숫자가 나온다. 숫자는 제어하지 못하지만, 그럼에도 던질 수 있는 권리는 나에게 있었다. 주사위 던지기를 멈추는 건, 내 삶의 주체가 되기를 포기하는 것과 같다고 생각했다.

생각은 거창하게 했지만 사실 여전히 괴롭긴 마찬가지였다. 고시원 생활을 10개월 정도 하고 나서는 '제발 어디든 좀 가자'라는 생각밖에 남지 않았다. 그렇게 가까스로 겨울 초입에 다다른 2011년 11월, 주간지 『일요신문』에 영광스러운 첫 입사를 하게 됐다. 다만 두 달로 한정된 '인턴' 기자로서 시작이었다.

빨갛고 얄궂은

"빨갛고 얄궂은 기자가 되겠습니다."

『일요신문』의 대표 문구는 '빨갛고 얄궂은'이다. '빨갛다' 하면 왠지 맵고 뜨거운 맛이 생각난다. '얄궂다'의 사전적 의미는 '야릇하고 짓궂다', '무엇이라 표현할 수 없이 묘하고 이상하다', '의심스럽거나 알 수 없는 데가 있다' 등이 있다. 기존 시각에서 훨씬 더 매운 맛을 가미하는, 그러면서 짓궂게 꼬집거나 지적하는 느낌을 준다. 그만큼 『일요신문』은 캐릭터와 정체성이 분명했다. 당시 국장은 항상 강조했다. '재미와 유익' 두 가지를 추구한다고 그 때문인지 『일요신문』은 특유의 영향력으로 주간신문 업계 1위를 놓치지 않는 강자였다. 선배들의 '포스' 역시 남달랐다.

"우리 한잔할까?"

긴장되는 첫날, 퇴근하고 나니 목이 말랐다. 나 포함 인턴 동기 4명은 회사 근처 중국집에서 술잔을 기울였다. 그런데 아뿔싸. 첫날부터 너무 신나게 달렸다. 막판에는 기억이 가물가물했다. 『일요신문』 인턴기자답게 주량도 서로 1위를 다퉜다.

비록 인턴기자지만 현장 취재나 기사 쓰기 모두 적극적으로 열려 있었다. 그 점도 좋았지만 솔직히 가장 좋았던 것은 선배들이 밥과 술을 사 준다는 것이었다. '선배가 내야지, 넌 그냥 먹기나 해' 하는 고귀한 문화가 언론계엔 자리한다. 고시원 생활을 하면서는 돈을 아끼려고 라면으로 때우거나 밥에 마가린과 김, 간장을 넣고 비벼 먹기 일쑤였다. 밤에 배고파서 잠이 안 올 때면 공용 부엌에 있는 밥 한 숟가락을 먹고 잠을 청했다. 그런데 회사를 오니 이게 웬일인가. 매일 고기에, 회에, 중국요리에. 하다못해 김치찌개, 부대찌개도 이렇게 맛있을 수가 없었다.

무엇보다 신기했던 것은 '소맥' 문화였다. 점심을 먹어도 종종 소주와 맥주를 시켜 폭탄주를 말았다. 이전까지 폭탄주를 먹어본 적이 없는 나는 청량감과 특유의 '짭짤쌉싸름'한 맛에 감탄했다. 초반에는 숙취에도 시달렸지만 점점 몸이 적응해 가면서 '소맥'은 내게 뒤끝이 가장 깔끔한 술로 등극했다.

회사 근처에 유명한 '짤라집'이 있었다. 김치찌개와 곁들여 먹는 '짤라'의 맛을 그때 처음 알았다. '짤라'를 소금에 찍어 먹은 뒤, 소주를 마셨다. 맛의 향연에 한참 취해 있을 때 팀장이 내게 말했다.

"기자의 기본 소양이 있어, 뭔지 알아?"

"아뇨. 모르겠습니다."

"첫 번째는 폭탄의 비율, 두 번째는 고기 굽기 실력이다. 숙지

해라."

"넵, 알겠습니다. 제대로 익히겠습니다."

그때부터 늘 폭탄 제조와 고기 굽기를 도맡아 했다. 기본을 익히기 위해서다. 자칫 기자의 본질에서 굉장히 벗어난 게 아니냐는, 먹고 취하려 기자 됐느냐는 비판적인 시각이 들 수도 있지만, 또 어떻게 보면 기자 됐다고 목에 힘주지 말고 '힘 빼라'는 의미일 수도 있었다. 왜 기자가 되려고 했는지는 이미 준비와 채용 과정에서 마음속에 새기고 새긴 터였다. 하지만 이젠 정말 하루하루가 '실전'이었다. 앞으로 수많은 사람들을 만나고 수많은 험난한 길과 에피소드들이 펼쳐질 것인데, 지치지 말고 그 자체를 즐기라는 의미로 들렸다. 무엇보다 기자에게 '타인과의 식사'는 기자 생활을 마감할 때까지 중요한 취재 영역 중 하나라는 생각이 들었다.

『일요신문』은 주간지인 만큼 일주일 단위로 발제-취재-마감이 이뤄졌다. 자연스럽게 라이프 사이클도 주간지 체질에 길들여진다. 월요일에 기사 발제를 하면 화~목요일 취재를 진행한다. 금요일은 최종 마감일이다. 보통 월요일이 가장 마음이 편하고, 화요일에도 여유가 넘치며, 수요일부터는 살짝 긴장이 되고, 목요일에 걱정이 밀려들다가, 금요일에 모든 것을 산화시키는 나날들이 흘러갔다. 지구가 공전하듯 '어쨌든 마감은 끝난다'라는 하나의 진리를 깨닫게 됐다. 모든 전투가 끝난 금요일 밤이면 회사 사람들이 모두 모여 술 한잔을 기울였다. 그때 마시는 술이 세상에서 가장 맛있었다.

그렇게 3년 차가 된 어느 날, 통신사 『뉴스1』에서 이직 제안이 왔다. 3년 차는 늘 이직이라는 외풍에 흔들리는 시기다. 크게 생각이 없던 나는 "감사하긴 하지만 별로 생각이 없다"고 정중하게 거절했다. 하지만 이 소식을 들은 다른 회사의 절친한 선배가 전화를 걸어 왔다.

"정신 차려, 인마. 네가 지금 3년 차인데 늘 새로운 도전을 해 봐야지. 이대로 만족하고 끝낼 거야? 한번 잘 생각해 봐."

글은 순화해서 표현했지만 실제 일침 강도는 마음의 생채기가 날 만큼 더욱 강력했다. 또다시 진지하게 나의 미래를 생각해 보게 됐다. 왜 기자가 됐는가. 지금도 충분히 만족하고 있다. 하지만 단순히 만족만 하는 것인가, 안주하는 것인가. 많이 혼란스러웠다. 한편으로는 호흡이 긴 기사만 써 왔던 내가 속보를 써도 잘할 수 있을까 하는 두려움도 생겼다. 며칠 밤을 고민한 끝에 기회는 쉽게 오지 않는다 생각하고 결국 이직을 결심했다. 『뉴스1』에서 면접을 본 뒤 출근 날짜를 조율했다.

하지만 막상 이직하기까지는 정말 쉽지 않았다. 회사의 만류가 너무 컸다. 거부하기 힘든 통 큰 제안도 쏟아졌다. 결국에는 '이직 불가' 통보를 받았다. 이러다가 영영 나갈 수 없을 것 같다는 생각이 엄습했다. 결국 결단을 내렸다. 그동안의 고민과 진심, 형용할 수 없는 감사함 등을 담은 편지를 쓴 뒤, 차를 끌고 새벽 출근을 했다. 아무도 없는 사무실에서 몰래 짐을 빼고 편지를 국장 책상에 올려 둔 다음, 그대로 회사를 빠져나와 휴대전화 전원을 껐다. 마치 세상과 잠시 단절하는 기분이었다. 문득 고시원 총무 시절이 머릿속을 스쳐 지나갔다.

『뉴스1』에 입사해 사회부 사건팀에 배정받은 나는 주간지 때 하지 못했던 '하리꼬미'부터 돌기 시작했다. 3년 차 기자의 '하리꼬미'는 더디고 굼떴다. 지난 2002년 50대 중반의 김훈 작가가 『한겨레』에서 경찰팀 2진 기자로 잠시 일해서 화제가 된 적이 있다. 물론 거기에 비하면 아무것도 아니지만 말이다.

주간지와 통신사는 국가로 표현하자면 '북유럽'과 '한국'으로 비견될 만했다. 전자는 탄탄한 여유로움이 있다면, 후자는 '누구보다 빠르게, 남들보다 빠르게'라는 분위기가 자리했다. 적응이 힘난했다. 속보, 1보, 2보, 상보, 종합, 박스 기사까지 쓰는 법을 익혀야 했다. 스트레이트 기사는 최소 15~20분 내로 올려야 기본은 한다는 얘기를 들었다. 손도 느리면서 제대로 된 기사도 못 쓰는 한심한 기자라는 생각에 한숨이 절로 나왔다.

하지만 역시 인간은 적응의 동물인지 조금씩 속도가 붙으면서 통신사 기자의 면모를 하나둘 갖추게 됐다. 특히 적응이 빨랐던 것은 박근혜 정부 '국정 농단' 사태라는 큰 사건을 겪으면서. 매 주말마다 대규모 집회를 취재하면서 빠르게 기사 쓰는 법을 익혔다. 늘 거대한 사건을 마주하고 나면 그만큼 자연스럽게 실력이 늘게 마련이다. 어느덧 신문과 통신사를 거치며 '심층-속보' 두 가지 무기를 장착했다는 생각이 들자 이제는 미지의 영역인 '방송'으로 시선이 돌아갔다. 마침 CBS 경력기자 모집 공채가 떴고 모든 경험치를 탈탈 털어 지원했지만 첫해는 최종 면접에서 고배를 마셨다. 이듬해 경력 공채에 마지막이라는 심정으로 지원해 결국 '합격' 통보를 받았다. 그렇게 한 걸음, 한 걸음 현재까지 오게 됐다.

'몸빵' 취재로 뛰어들다

속칭 '몸빵'은 '어떤 일을 몸으로 때움, 또는 그런 사람'을 뜻한다. 물론 '마와리'(일본식 언론계 은어. 배정받은 경찰서 등을 돌며 사건

사고를 챙기는 것)부터 시작해 곳곳을 누비는 현장 취재, 굳게 닫힌 문 앞에서의 '뻗치기'(관련 당사자의 집이나 사무실 앞에 진을 치는 취재 방식), 심하면 밤샘까지 마다하지 않는 게 기자의 생활이다. 이 모두가 '몸빵' 취재일 수 있다. 좀 투박할 수 있지만 그만큼 정직하고, 운이 좋으면 큰 결실을 이룰 수 있다. 나 역시 '몸빵' 취재에 상당한 비중을 뒀다.

"선수, 입장하겠습니다."

갑자기 '몸빵' 얘기하다 '선수'로 빠지니 의아할 수도 있겠다. 『일요신문』 수습기자 시절, 첫 르포 주제는 '남성 노래방 도우미'였다. 스무 살 때 한창 맥줏집 아르바이트를 하던 시절, 한 친구로부터 "월급 많이 줄게, 와 볼래?"라는 이직 제안을 받은 적이 있었다. 알고 보니 그 친구는 남성 노래방 도우미를 하고 있는 친구였다. 당시에는 "제정신이냐?"며 거절했지만 기자가 돼서 실제 그 일을 체험하게 될지는 몰랐다.

단초는 한 일간지에 실린 사건 스트레이트 기사였다. 서울의 한 명문대 앞에 수상한 아주머니들이 기웃거리다가 인물이 준수한 남학생들을 보면 "학생, 아르바이트 생각 없어? 돈도 엄청 주는데. 요새 명문대생들이 인기 많아" 하고 현장 리쿠르팅(?)을 시도한다는 것이다. 그 아르바이트는 다름 아닌 남성 노래방 도우미였다는 내용이었다.

실제로 일어나는 일인가, 궁금증이 도졌다. 지금 생각해 보면 정말 도의에 어긋나는 일이지만, 기사를 쓴 기자의 전화번호를 수소문해 연락을 시도했다.

"저……, 여보세요, 저 『일요신문』 기자인데요."

"네? 무슨 일이시죠?"

"저……, 기사 쓴 거 보고 연락드렸는데, 혹시 해당 학교가 어딘지 알고 싶어서요."

"그건 제가 알려 드릴 수 없어요. 데스크랑도 논의해야 하고."

"한 번만 생각해 주시고 연락 부탁드려요. 간절히 부탁드려요."

"네."

안면이 전혀 없는 이름 모를 기자의 무례한 부탁에 화도 날 법한데, 생각해 보겠다고 하니 감사할 따름이었다. 그런데 하루, 이틀이 지나도 연락이 오지 않았다. 완곡한 거절 표현인 셈이다. 하지만 그때는 '천둥벌거숭이' 초보 기자였다. '진상'처럼 또다시 전화를 걸어 물어봤다.

"저……, 기다렸는데 연락이 안 와서요. 혹시 알려 주실 수 있으신가요?"

"네……?"

"저번에 물어본 학교요."

"허참. ㅇㅇ대요, ㅇㅇ대! 정말."

전화는 뚝. 이 글을 쓰는 순간에도 미안함과 창피함이 가득할 뿐이다.

어찌 됐건 학교를 알아냈으니 다음 단계는 잠복이었다. 학교 정문에서 하루 온종일 서성거렸다. 수상한 아주머니들이 나를 잡아 주길 바랐다. 하지만 정말 아무 일도 일어나지 않았다. 역시 인물이 문제였나. 좌절감을 느끼며 근처 PC방에 털썩 자리를 잡았다. 호흡을 가다듬고 인터넷 포털과 카페 등에 '남자 노래방 도우미', '도우미 모집' 등을 끈질기게 검색했다. 그나마 정성이 통했는지 도우미를 구한다는 연락처를 확보해 면접 일정을 잡았다.

"ㅇㅇ역으로 오시고요. ㅇ번 출구로 나와서 다시 연락 주세요."

첫 번째 면접은 서울 광진구에서 있었다. 지하철 출구로 나와서 전화를 걸자 "저 앞에 검정색 스타렉스 보이죠? 거기 조수석에 타세요"라고 지시했다. 조수석에 타니 운전석에 실장이 타고 있었다. 면접은 그때부터 시작이었다. 나이 등 간단한 호구조사를 진행한 실장은 내 옷차림과 얼굴을 면밀히 훑어보더니 한 마디를 했다.

"넌 안 팔릴 얼굴이야."

40분가량을 매달렸지만 실장은 완강했다. 면접을 볼 동안 도우미 직원들이 스타렉스를 오르내렸다. 간간이 보니 정장을 입고 귀걸이를 끼고 머리에 염색을 한 화려한 비주얼. 안경을 쓰고 허름한 난방에 백팩을 멘 내 모습과 너무 비교됐다. 결국 첫 면접에서 떨어졌다. 이후에도 면접을 시도했으나 번번이 낙방하기 일쑤였다.

이쯤 되니 취재를 떠나 '오기'가 생겼다. 안경을 벗고 홍대로 가서 렌즈와 가발을 맞췄다. 입사할 때 입은 정장을 입고 비비크림과 립밤을 바르고 귀걸이를 걸었다. 강남에서의 면접을 앞두고 '배수진'을 쳐야 했다. 단단히 무장한 뒤 강남 지하철역에서 내려 스타렉스 조수석에 탔다.

"음. 남자답게 생긴 얼굴은 아닌데, 그럭저럭 여리여리하네. 일단 같이 일해 보자."

드디어 합격! 그런데 출근 날이 바로 당일인지는 몰랐다. 어느덧 시간은 밤 10시. 스타렉스에 탄 채 이동을 시작했다. 그동안 도우미의 여러 수칙들을 교육받았다. 임재범의 〈고해〉는 절대 부르지 마라, '십팔번'을 정해라, 입 냄새가 나니 안주는 먹지 마라, 특히 2차를 가면 너의 값어치는 떨어진다고 강조했다. 이 바닥에선 2차를 가면 소문이 쫙 퍼지고 '닳는다'고 생각한단다.

도착한 강남의 한 공터에는 이미 '선수'들이 모여 있었다. 실장이라고 하는 앳된 친구가 찾아와 반갑다며 악수를 건넸다. 알고 보니 그 친구, 나와 동갑이었다.

"일하기 전에 일단 미용실 가서 머리랑 메이크업 좀 해야 해. 너도 가서 좀 하자."

순간 뜨악했다. 이미 가발을 썼기에 그대로 들통날 우려가 있었다. 출근 첫날이라 돈이 없어 오늘은 일단 일하고, 다음에는 꼭 미용실에 들르겠다고 했다. 그랬더니 실장은 "흠, '초이스'는 힘들 수도 있는데. 그래, 알았어"라고 승낙했다.

그날 밤부터 다음 날 아침까지 스타렉스를 타고 강남 지역 곳곳 가라오케, 호스트바, 업소 등 약 30군데를 돌았다. 조를 편성해 줄줄이 업소에 들어가 차례대로 인사하고 '초이스'를 기다리는 식이다. 혹시나 '초이스'를 당하면 어떤 방식으로 취재를 할까 조금 고민도 됐지만, 우려(?)했던 사태는 벌어지지 않았다. 실장의 예언이 정확했는지 정말 단 한 번도 '초이스'를 받지 못했다.

'초이스' 참패가 비단 헤어와 메이크업 관리를 받지 않아서 생긴 일은 아닌 듯했다. 도우미들의 나이대는 보통 20대 초중반. 알고 보니 서울 지역 대학의 연극영화과 학생뿐만 아니라 연예인 지망생들도 많았다. 그만큼 인물들이 상당했다. "성형 어디서 하면 좋아?", "내가 입만 뻥긋하면 걔는 데뷔 못한다"고 얘기하는 소리들도 들렸다.

　　밤을 꼬박 새우고 초췌해진 나에게 실장은 다가와 한마디 했다. "거 봐, 헤어랑 메이크업 하자고 했잖아. 다음 출근 때는 꼭 하자. 힘내고." 그렇게 한 푼도 건지지 못하고 퇴근했지만 취재 내용만큼은 두둑이 챙겼다. 오전에 잠시 눈을 붙이고 출근해 사회의 이면, 어둠의 일탈을 적나라하게 써냈다.

　　"택배 기사로 위장하든, 중국집 배달부로 위장하든 일단 바싹 붙어 봐."

　　2013년 2월, 이명박 대통령이 5년간의 임기를 마치고 서울 강남 논현동 사저 입주를 앞두고 있을 때였다. 모든 언론에서 사저 모습에 대한 관심이 증폭됐다. 특히 수십억 원을 들여 리모델링을 한창 하고 있을 때라 '황제 리모델링' 아니냐는 의혹이 제기되기도 했다. 사회팀장은 죽이 되든 밥이 되든, 신분을 잠시 감추는 한이 있더라도 사저를 취재해 오라 지시했다. 뜬금없는 열정이 또다시 꿈틀댔다.

　　직접 사저로 가 보니 내 키보다 2배 정도 높은 담장이 떡하니 버티고 있었다. 100여 명 이상의 경호·경비 인력이 동원되고 곳곳에 CCTV가 설치되어 삼엄한 분위기를 풍기고 있었다. 진입을 시도해 보니 경호원이 바로 제지했다.

"어디서 오셨어요?"

"아……, 저 기자인데요."

"안 됩니다!"

차마 택배기사로 위장하기 어려웠던 나는 사저의 입구도 제대로 보지 못한 채 쫓겨나기 일쑤였다. 전언만 들으려 해도 보안상의 이유로 모두 좌절됐다. 하루가 그냥 흘러갔다.

이대로 물러설 수 없었다. 그다음 날, 바로 논현동 사저로 출근했다. 사저 인근만 수십 번 뱅뱅 돌았다. 함께 온 사진기자 선배는 "포기해, 절대 못 봐"라며 일찌감치 취재 차량에 타고 대기하는 상태였다. 침울한 분위기 속에 "이쯤에서 포기할까"라는 생각이 들던 찰나, 사저 앞 건물 하나가 눈에 띄었다. 건물은 리모델링으로 공사가 한창인 상태였다. 사진기자 선배를 찾아가 "선배, 카메라 좀 주세요"라고 다급하게 말했다. 선배가 의아한 듯 눈을 끔뻑거리며 카메라를 내밀었다.

카메라를 들고 건물로 들어가 바로 옥상으로 직행했다. 아니나 다를까. 마치 성벽에 갇힌 듯했던 철통 보안 속 사저가 한눈에 들어왔다. 혹시 몰라 옥상에서 낮은 포복으로 사저 쪽으로 다가간 뒤 카메라 셔터를 눌렀다. 손이 떨리고 가쁘게 뛰는 심장 소리가 귀를 울렸다. 충분히 사진을 찍고 황급히 건물을 빠져나가 차에 탔다. 호흡을 가다듬었다. 포복 때문인지 옷은 온통 먼지투성이였다.

내가 찍은 사진은 '단독'이라는 이름으로 공개됐고, 많은 눈길을 끌었다. 이후 논현동 사저는 2018년 4월 검찰이 이 전 대통령을 〈특정범죄 가중처벌 등에 관한 법률〉 위반 등으로 구속 기소하면서 추징보전 대상이 됐다. 기세등등했던 사저가 이제는 압류가되다니. 권력은 참으로 무상했다.

세월호, 휘몰아치는 정국 한복판에서

"학생들이 전원 구조됐습니다."

세월호가 침몰한 2014년 4월 16일. 아직도 그날의 기억이 생생하다. 학생들이 전원 구조됐다는 보도에 가슴을 쓸어내렸지만 '오보'라는 사실이 밝혀졌다. 당시 사회부 막내 기자였던 나는 급히 데스크 호출을 받았다. "팽목항으로 내려가라." 즉시 간단한 짐만 챙긴 뒤 KTX를 타고 목포역에 도착했다. 팽목항은 멀었다. 목포역에서 진도행 버스를 타고, 또 진도 공용 버스 터미널에서 택시로 반시간 가까이 달리고서야 겨우 팽목항이었다. 그때까지만 해도 세월호가 내 기자 경력 전반을 뒤흔들지는 상상도 못했다.

비는 추적추적 내리고 스산한 바닷바람이 몰려왔다. 바다를 바라보고 급하게 지어진 천막에는 구조를 기다리는 가족들의 울부짖음이 가득했다. 바닥에 앉은 학부모들은 컴컴한 바다를 향해 실종된 학생들의 이름을 애타게 불렀다. 일부 어머니는 이름을 부르다 실신해 급히 구급차로 실려 갔다. "구출이 안 되면 제발 시신이라도 돌려 달라"는 목소리도 들려왔다. '감히 내가 이 상황에서 취재를 해도 되나'라는 생각이 들었다. 수첩을 차마 꺼낼 수도 없었고 질문도 하지 못한 채 그대로 양손을 모으고 가만히 서 있을 수밖에 없었다. 바다를 보면서 "제발, 제발 구조 좀 해내라"고 마음속으로 외칠 뿐이었다.

사고 다음 날인 17일 밤, 가족들이 모인 팽목항 상황본부는 격노의 목소리로 휩싸였다. 상황본부에 나타난 경찰 책임자, 김수현 당시 서해해경청장은 의자에 올라가면서 인사했지만 "목소리가 작다"는 핀잔만 들었다. 구조 상황은 김 청장의 작은 목소리만큼 답답해 보였다. 어두운 수색 장소를 밝히기 위한 '조명탄 발사', 해양경찰과 민간 잠수부를 총동원한 '수색' 어느 하나 가족들이 보기에 제대로 지켜진 것은 없었다. "당장 조명탄부터 켜요. 늦으면 다 죽는다고요. 제발." 김 청장에게 고래고래 소리를 지르는 학부모도 있었다. 한 학부모는 "오전 10시에 딸에게 문자가 왔다. 친구 3명과 함께 있는데 3명이 다 오늘 저녁 못 넘길 것 같다더라. 오늘 저녁에 못 구하면 끝이다. 그렇게만 알아 둬라"고 못 박았다.

17일 밤은 가족들 입장에서는 최후의 '골든타임'이었다. '더 이상 지체하면 정말 끔찍한 일이 발생하지 않을까' 하는 우려로 가슴이 무너지고 있었다. 그래서였을까. 갑자기 상황본부에 등장한 한 민간 잠수부의 모습에 눈길이 집중됐다. 군복을 입은 잠수부는 스쿠버 장비를 내려놓으며 "방금 세월호 근처에 다녀왔다"고 운을 뗐다. "어땠던가요?"라고 묻는 질문에 잠수부는 "주변에 아무것도 없어요. 아무도 없어"라고 답했다. 순간 가족들 사이에서 탄식이 터져 나왔다. 인력을 총동원해 수색에 나서겠다던 경찰이 거짓말을 했다며 분노하는 이들도 있었다.

"전문가니까 잘 아시겠네요. 솔직히 지금 아이들 구조할 수 있습니까? 정말 정직하게, 터놓고 말해 주세요." 다소 격앙된 얼굴로 가족 중 한 명이 또다시 질문을 던졌다. 잠수부는 어렵게 입을 떼며 답했다.

"기적도 없고 힘도 없습니다."

할 말을 잃고 적막에 휩싸인 가족들 사이에서 울음이 터져 나왔다.

사고 후 이틀째인 18일, 선체 내부에 공기 주입 작업을 받던 세월호가 '완전 침수' 됐다는 소식이 전해졌다. 가족들은 경찰에게 항의와 욕설을 쏟아 냈다. "야, 이 XX야. 너는 살인마야!" 절규에 가까운 음성은 항구를 가득 울렸다. 어머니들 수십 명은 또다시 자리를 잡고 앉아 마이크를 잡고 바다를 향해 자식들의 이름을 차례로 외치며 울부짖었다. 떨리는 손으로 마이크를 잡은 한 어머니는 마지막 간절한 바람을 목 놓아 외쳤다.

"아기야, 얼마나 차갑니. 엄마가 따뜻한 물 한 컵도 못 주고 미안해."

바다를 등지고 주변을 통제하던 의경도 고개를 푹 숙인 채 눈물을 감췄다.

오리무중에 빠진 구조작업을 보고 나도 점점 우울한 감정에 빠져들었다. 시간이 흘러 숨진 학생들이 하나둘씩 배를 타고 항구로 실려 왔다. 부모들은 신원을 확인하기 위해 하얀 천을 걷고 일일이 얼굴을 살폈다. 숨진 학생들을 보면서 '내 아이가 아니다'며 답답함을 호소하는 부모와 '내 아이'라며 오열하는 부모들을 바라보는 심정은, 취재를 떠나 정말 미칠 지경이었다.

팽목항의 낮과 밤은 좌절로 가득했다. 그나마 전국에서 온 자원봉사자들의 손길로 고단한 하루하루를 이겨 내고 있었다. 수천

여 명의 자원봉사자들은 식사와 간식을, 의료품을, 생필품을 전달했고 한국전력공사에서는 전기를 지원했다. 기자들은 읍내로 나가 찜질방, 모텔 등에서 기거하며 교대로 취재를 이어 갔다. 하지만 기자들은 이곳에서 최악의 '불청객'이었다. 신분을 드러내는 것도 상당한 위험을 감수해야 했다. 현장에서 친한 기자 선배이자 형을 만나 "어, 오셨네요?"라고 손을 흔들었다. 선배는 손짓으로 '쉿' 포즈를 하며 한쪽 구석으로 급하게 나를 끌었다. "여기서 서로 알은척 하면 안 돼. 특히, 웃지 마. 정말 일 난다."

　　오보가 연발될수록, 자극적 보도가 나올수록, 현장 기자를 향한 분노는 더욱 거세졌다. 한 언론은 '선내 엉켜 있는 시신 다수 확인'이라는 제목을 달아 기사를 냈다. "친구가 사망했다는 걸 아느냐"고 생방송에서 물은 앵커도 있었다. 기자를 향해 생수병이 날아왔다. 양복을 입고 있거나 수첩만 들고 있어도 멱살을 잡혔다. 사고 초반 '전원 구조'라는 대형 오보를 본 세월호 가족들은 '언론은 구조에 방해만 된다'며 마음을 굳게 닫았다. 기자들은 어떻게든 취재를 진행하기 위해 몸부림쳤다. 옆에서 가족들이 하는 말을 엿듣거나, 어느 한 기자가 가족 인터뷰를 시도해 조금이라도 진행이 되면 한 명, 두 명씩 멘트를 따기 위해 몰려들었다. 기자인 내가 봐도 그 모습이 마치 '하이에나' 같았다. 하지만 어쩔 수 없었다. 어떻게든 상황을 전파하는 게 기자다. 그러나 그만큼 회의감도 들었다. 그 회의감과 슬픔을 이기지 못해 세월호 참사 이후 기자를 그만둔 이들도 있었다.

기자 2년 차에 맞은 세월호 참사는 '기자란 무엇일까', '기자일을 어떻게 해야 하는가' 하는 고민들을 강하게 심어 줬다. 사건의 트라우마는 상당 기간 지속됐다. 한동안은 잠을 자면 그때의 절규가 생생히 들려왔다.

세월호 참사의 여파는 고스란히 책임 소재를 가리는 데로 옮아갔다. 청와대와 국회에서의 공방은 정치부, 검찰 수사는 법조, 나 같은 사건기자는 세월호의 선주인 유병언 전 세모그룹 회장과 이와 관련한 종교단체인 구원파 담당으로 자연스럽게 역할 분담이 됐다.

검찰은 유병언의 신병을 확보하기 위해 노력했지만 이미 종적을 감춘 뒤였다. 여론의 비판은 거세지고, 경찰은 경찰대로 검찰이 사건을 꼭 쥐고 공조를 안 한다며 불만이 가득 쌓인 상태였다. 그 과정에서 유병언을 찾기 위해 검찰은 2014년 5월 21일 구원파의 본산인 경기도 안성 '금수원'에 대한 첫 번째 압수수색에 나섰다. 당시 검찰의 수색이 제대로 이뤄질지, 유병언이 정말 금수원으로 숨었는지가 초미의 관심사였다.

　금수원 입구 앞에는 수많은 기자들과 카메라가 진을 치고 있었다. 며칠 전부터 금수원 앞에서 '뻗치기'를 하고 있었던 나는 모두가 입구를 볼 때 '뒷문'을 봐야 한다고 생각했다. 사전에 금수원을 둘러보고 뚫린 입구가 어디인지 유심히 살펴봤다. 금수원을 둘러싸고 야산이 있었다. 야산 쪽으로 들어가면 금수원 내부를 볼 수 있겠다는 생각이 들었다. 그래서 검찰의 압수수색 날을 '디데이'로 잡고 미리 봐 둔 산길로 들어갔다. 등산로도 하나 없는 야산은 말 그대로 '야생' 그 자체였다. 수풀을 헤치며 산을 타는 동안, 하늘에선 검찰 소유인 것으로 보이는 헬기가 여기저기 날아다녔다. 헬기가 보일 때마다 나무에 몸을 숨겼다. 누가 간첩이라고 지목해도 할 말이 없는 상황이었다.

　무려 4시간 동안 산을 타도 끝이 보이지 않자 '이대로 길을 잃은 게 아닌가'라는 불안감이 엄습하기 시작했다. 휴대전화로 포털 위성지도도 봤지만 모두 소용없었다. '다 포기하고 구조 요청을 해볼까'라고 생각하던 찰나, 어디선가 은은하게 찬송가 소리가 들려왔다. 마치 홀린 듯 찬송가 소리를 따라갔다. 그리고 드디어 저 멀리 금수원이 눈에 들어왔다. 서둘러 움직여 금수원에 발을 디디는 데 성공했다.

그렇게 신도들이 모인 금수원의 중앙을 향해 걸어가는데 중년의 여성 신도들을 길에서 마주쳤다.

"어, 넌 누구니?"

"아……, 저기서 어머니가 기다리셔서요."

"아, 그래. 얼른 가 보렴."

이미 나는 '청년 신도'로 위장한다며 밀짚모자와 트레이닝 복장을 입은 상태였다. 심장은 심하게 요동쳤지만 '태연하게 넘겼다'며 스스로를 다독였다. 그런데 갑자기 뒤에서 "잠깐!" 하는 굵직한 목소리가 들려왔다. 급하게 뛰어온 남성 신도들은 "이 사람 아까 산에서 내려왔어요. 이 사람 신도 아냐. 정체가 뭐야, 당신?"이라고 따져 물었다. 어머니들도 당황하며 나를 몰아세웠다. 입을 다물고 있자 신도들이 가방을 뺏어 탈탈 털기 시작했다. 수첩과 펜 등이 쏟아졌다.

"이 사람, 검찰이네!"

기잔데……. 이걸 다행이라고 해야 하나, 신분을 말해야 하나 말아야 하나, 고민하던 찰나. 이미 나는 양팔을 잡힌 채 연행되고 있었다.

그렇게 나는 금수원에서 꼼짝없이 붙잡혔다. 더 이상 침묵할 수는 없겠다 싶어 솔직하게 기자 신분을 밝혔다. 한참 동안 믿지 않던 신도들은 수첩에 적힌 취재 내용들을 보고 비로소 믿어 줬다. 다만 당장 밖으로 내보낼 수는 없다며 한동안 나를 붙잡아 놨다.

"살면서 이런 사람은 처음 봤어. 누가 금수원에 들어오겠다고 생각하겠어."

포로처럼 고개를 푹 숙이고 있는 나에게 신도들이 조금씩 경계심을 풀며 호기심을 보이기 시작했다. 집이 어딘지, 나이는 몇인지 등의 대화가 오고 갔다. 한 신도는 자신과 집이 가깝다며 친근감을 보이기도 했다. '4시간 동안 산을 탔는데 물은 마셨느냐'며 물을 건네주고, '지금은 점심시간이 지나 구내식당이 닫았다'며 백설기를 건네주기도 했다. 허기가 몰려든 나는 허겁지겁 물과 떡을 먹었다.

"천천히 먹어. 그리고 다시는 이런 위험한 짓 하지 말어. 혹시나 산에서 길이나 잃어 봐. 어쩔 뻔했어."

걱정해 주는 신도들을 보면서, 언론에선 비록 유병언 은닉을 도와주는 '괴물 집단'이라고 인식하지만, 우리랑 똑같은 사람이라고 생각했다. 신도들과 SNS 친구를 맺기도 했다. 유연해진 분위기속에서 유병언 은닉 취재를 위해 좀 더 머물고 싶었지만 뜻대로 되진 않았다. 정문까지 안내를 받고 입구로 쫓겨 나가자 진을 치던 카메라 플래시들이 터졌다. 그때부터 한동안 회사에서 '구원파에서 심은 간첩'이라는 별명이 따라붙었다.

　유병언을 찾기 위한 추적은 이후에도 멈추지 않았다. 유병언이 잠시 머물렀다는 순천의 '숲속의 추억' 별장도 수차례 갔다. 하지만 끝내 유병언의 행적은 드러나지 않았고, 2014년 6월 어느 매실 밭에서 숨진 채 발견됐다. 부패가 너무 심해 노숙자의 시체로 추정되는 등 온갖 미스터리가 증폭되기도 했다. '유병언이 진짜 죽은 것 맞아?', '타살 아냐?'라는 질문이 끊이지 않았다. 추적에 박차를 가하던 나도 믿기 힘든 허망함에 한동안 휩싸였다.

헌정 사상 초유의 사건을 거치며

　『뉴스1』으로 이직했을 때가 2016년 6월이다. 사건팀 배정을 받고 그해 10월 박근혜 정부 '국정 농단' 사태가 터졌다. 이번에도 현장은 사건팀의 몫이었다. 10월 29일 '박근혜 대통령은 하야하라'며 첫 촛불집회가 열렸다. 주최 측 추산 3만여 명의 인원이 모였다. 크고 작은 집회를 취재해 봤지만 규모와 분노 면에서 심상치 않은 느낌이 들었다. 정말 시작에 불과했다. 2차 촛불집회는 주최 측 추산 20만여 명, 3차는 100만여 명을 돌파했다. 경찰 추산과는 차이가 있었지만 12월 3일 6차에 이른 촛불집회는 주최 측 추산 170만 여 명(경찰 추산 약 43만 명)으로 정부 수립 이래 사상 최대 규모라는 점이 공식 인정됐다.

코로나19가 없었던 시절, 촛불집회는 정말 폭발적이었다. 시민들을 인터뷰하며 때론 뭉클했고, 때론 분노에 공감했다. 수능이 끝난 수험생들도 광장으로 나왔다. 남녀노소 누구나 예외가 없었다. 분노는 때론 축제로 승화됐다. 아무리 기사를 써도 그 에너지를 담아내긴 역부족이었다. 광화문 광장 바닥에 앉아 기사를 송고하고 때론 경찰 병력에 갇혔다가 겨우 빠져나가는 일도 비일비재했다. 혹한기에 손이 얼어붙어 키보드를 제대로 치기 어려울 정도였다. 12월, 헌법재판소 심판 직전에는 탄핵에 반대하는 '태극기 집회'도 달아올랐다. 양 진영을 오고 가는 기자 입장에선 하루하루가 살얼음판이었다. 특정 언론사 기자라면 폭행하거나 욕설하는 경우도 있었다. 누군가는 붙잡혀 옷이 찢어지고 상처도 났다.

"와아, 탄핵이다.", "이럴 줄 알았어. 모두 박수."

2017년 3월 10일 11시 21분. 헌법재판소가 박근혜 대통령 탄핵 인용 선고를 내린 날, 서울역 대합실에 자리했다. 텔레비전에 눈과 귀를 집중하던 시민들은 일제히 환호하며 박수를 쳤다. 현장은 축제 분위기에 접어들었다. 전국 곳곳 누군가는 환호하고, 누군가는 묵묵히 바라보고, 누군가는 분노했다. 나는 그저 마음의 큰 짐 하나가 덜어지는 기분이었다. 이젠 주말 집회 취재도 끝이라는 얄팍한 홀가분함과 함께.

탄핵 여파는 한동안 이어졌다. 잠시 비상시국으로 미뤄 왔던 현안 과제들이 하나둘씩 속도를 내는 분위기였다. 그중에 하나가 바로 '세월호 인양'이었다. 2016년 말로 예정됐던 인양은 해를 넘겨 계속해서 미뤄진 터였다. 한없는 기다림에 점점 지쳐 갈 때쯤, 드디어 인양 시기가 가시화됐다. 나는 또다시 세월호 인양 현지 취재에 투입됐다. 진도로 향하면서 문득 세월호 침몰 당시가 떠올랐다. 어느덧 3년이란 시간이 흘렀다. 그때의 좌절이 스치면서 애달픈 희망도 느껴졌다. 세월호의 마지막 항해를 세상에 잘 알릴 수 있을까, 어깨가 무거워졌다.

세월호 참사 당시 현장에 홀로 있었던 것과 달리, 이번에는 체계적인 지역취재본부가 나를 기다리고 있었다. 처음 얼굴을 본 전남 지역 기자 선배와 인사를 나눴다. 데면데면하던 순간도 잠시, 이젠 사실상 '운명공동체'라는 생각으로 취재를 해야 했다. 굵직한 이슈인 만큼 취재 경쟁은 또다시 달아오르고 있었다.

세월호 인양이 본격적으로 시작되기 하루 전, 나는 팽목항을 배회하다 미수습자 가족들과 한 배를 탈 수 있었다. 정말 아무런 준비도 되어 있지 않은 상태였다. 배를 타고 있는 가족들에게 "같이 타면 안 될까요?"라고 간절히 호소했다. 미수습자 가족들은 총 7명, 같이 탈 수 있는 인원도 한정돼 있었다. 언론사 이름을 물어보고 고민하던 가족들은 같이 타자고 손을 내밀었다. 그렇게 어업지도선 '무궁화 2호'를 타고 세월호와 불과 1.7km가량 떨어진 해상까지 접근하게 됐다.

텔레비전에 나오는 인양 상황을 모두 간절하게 한마음으로 지켜봤다. 배를 타는 동안 제대로 씻지도 못하고 잠은 의자 위에서 자곤 했다. 가족들이 나누는 밥과 반찬으로 끼니를 때우며 감사한 마음이 가득했다. 인터뷰를 해야 했지만 앞서 세월호 참사 당시가 생각나 쉽게 다가가긴 어려웠다. 그럼에도 다행히 마음을 열어 준 가족들이 있어서 인터뷰를 진행할 수 있었다.

"내 딸이 저런 녹슨 데 있었다니……."

세월호 참사 1072일 만인 2017년 3월 23일. 미수습자 가족들이 수면 위로 일부 드러난 세월호의 모습을 보고 탄식했다. 하루 빨리 인양 작업이 끝나 유해라도 찾기를, 가족들은 간절히 소망했다. 그러나 인양 작업 역시 생각보다 쉽지 않았다. 중간중간 장애물에 제동이 걸리며 가족들의 가슴을 졸였다. 그리고 하루 뒤인 24일,

한층 더 수면 위로 떠오른 세월호를 반잠수선에 선적하는 작업이 시작됐다. 가족들은 쌍안경을 꺼내 들고 "아들아, 이제 찾을게. 정말 고생했어!", "와, 이제 보인다"라며 눈시울을 붉혔다.

"하느님도 눈물을 흘리시나 봐요."

어업지도선 '무궁화 2호'를 몰며 미수습자 가족들과 함께 동고동락했던 해양수산부 소속 선장이 묵묵히 말했다. 하늘에선 비가 내리고 있었다. 나도 모르게 눈시울이 뜨거워졌다. 임무를 다한 배는 다시 육지로 상륙했다. 비로소 나도 땅을 밟을 수 있었다.

"정환아, 정환아! 유해 발견됐대!"

팽목항에 있는 매점에서 컵라면을 한 젓가락 먹으려던 순간, 지역본부 선배가 갑자기 매점 문을 열며 외쳤다. 인양 후 4일이 지나 미수습자로 추정되는 유해를 발견했다는 소식이다. 곧바로 속보를 날리고 취재를 하기 시작했다. 가족들은 긴장된 얼굴로 모여들었다. 곧 국립과학수사연구원의 감식이 시작됐다. 만약 유해가 발견된다면 무려 883일 만이었다. 그러나 결론은 '동물 뼈'였다. 유족들은 또다시 눈물을 흘리고 실망감을 감추지 못했다.

"돼지 뼈라고 하데. 주방 쪽에서 발견됐나 봐."

지역본부 선배가 허탈한 표정을 지었다. 인양된 세월호는 목포신항에 다다르며 마지막 항해를 마쳤다. 부디 이제부턴 진짜 유해가 발견돼 원한을 씻길. 마지막 기도를 한 뒤 서울로 복귀했다.

다시 광장으로, 다음 새로운 장으로

2017년 5월, 19대 대선을 앞두고 나는 다시 광장을 누볐다. 탄핵 이후 대선인 만큼 관심이 컸다. 문재인 당시 더불어민주당 대통령 후보의 당선이 확정된 5월 10일 새벽, 광화문 광장에 있는 세월호 유가족과 시민들은 환호와 박수로 자축했다. 문 대통령은 광화문에 직접 방문해 승리를 만끽했다.

굵직한 정국의 한 페이지가 넘어가는 느낌이 들었다. 홀가분하면서도 허전한 마음이 가득했다. '사건기자로서 무엇을 더 할 수 있을까', '변화가 필요하지 않을까' 생각하던 시기, 경제부에서 같이 일해 보지 않겠느냐며 '콜'이 들어왔다. 자연스레 받아들였다. 이제는 다른 영역을 경험해 보고 싶다는 생각이 들었다. 그렇게 경제부로 와서 정부 부처를 처음으로 출입했다.

정부 부처들의 본부는 세종시에 위치한다. 나 역시 세종시로 내려와 고용노동부와 환경부를 맡았다. 처음 출입하는 정부 부처는 뭔가 생소했다. 일단 사건팀에서는 나름 몇몇 후배도 있었지만, 이곳에선 하릴없이 '막내 기자'가 됐다. 경력이 상당히 쌓인 선배들이 많았기 때문이다.

취임한 문 대통령은 '일자리 대통령', '일자리 정부'를 자임했다. 공공부문 비정규직 정규직화, 주 52시간제 도입, 최저임금 인상 모두 문재인 정부의 핵심 공약이자 고용노동부 소관 업무였다. 덩달아 출입기자들도 바빠졌다.

부처 출입의 장점은 그나마 '예측 가능성'이 크다는 것이다. 한 주의 정해진 일정들이 있고 관련한 보도자료들이 준비돼 있었다. 다만 자료에만 매몰되면 취재가 게을러진다는 단점도 있었다. 또 정책에 대해선 깊이 있는 이해가 필요했다. 각종 수치나 통계 등도 꼼꼼히 챙겨 봐야 했다. 현장에서 치고받는 사회부와 달리 경제부는 좀 더 전문적인 지식이 요구됐다. 노동부와 함께 출입한 환경부 역시 설악산 오색케이블카 논란, 사드 배치 환경영향평가, 물 관리 일원화 등 각종 현안들이 있었다. 노동부와 환경부를 수시로 오가며 취재를 이어 갔다.

그렇게 1년을 보내고 난 뒤에는 경제 부처의 꽃이라고 할 수 있는 기획재정부(기재부)로 출입처를 옮겼다. 방대한 규모와 공무원 중 초엘리트 집단이 모인 기재부는 취재가 한층 쉽지 않았다. 예산과 세제에 대한 더 넓은 이해가 필요했다. 기재부를 오래 출입한 선배들을 보면 IMF 시절부터 현재까지 경제 흐름에 정통했다. 선배들의 기사를 보면서 나 역시 공부를 하기 위해 노력했다. 하지만 솔직히 말하면 '흉내 내기'에 그친 적이 많았다. 경제는 알면 알수록 쉽지 않았다. 기재부를 6개월 정도 출입할 즈음 CBS로 이직했다. 배치된 곳은 국회였다. 사회부-경제부를 거쳐 정치부 기자로서 새로운 첫발을 내디딘 것이다.

자유한국당을 출입한다고?

국정 농단 사태에 이은 박근혜 대통령 탄핵으로 보수정당은 최악의 암흑기로 접어들게 됐다. 화려한 여당 시절을 보낸 새누리당은 반으로 쪼개졌다. 친(親)박근혜계와 일부 비(非)박근혜계가 간판을 새롭게 단 자유한국당(한국당)과, 비박근혜가 새로 차린 바른정당으로 나눠진 것이다. 내가 출입하던 시기는 바른정당 의원들이 3차에 걸쳐 한국당으로 옮겨 간 '탈당 사태'를 거쳐, 바른정당이 국민의당과 합당해 바른미래당으로 만들어진 이후였다. 2018년 6·13 지방선거에서 참패를 당한 한국당은 홍준표 대표가 책임을

지고 사퇴하며 비상대책위원회 체제로 접어들었다. 비상대책위원장에는 김병준 전 국민대 교수가 선임됐고, 2018년 12월에는 나경원 원내대표가 선출됐다.

　　한국당에 출입한 지 얼마 되지 않은 2019년 2월 어느 날, 선배가 잡은 김병준 비상대책위원장의 인터뷰에 따라간 게 생각난다. 70여 일간 비대위원장으로서 당을 이끌고 퇴임을 앞둔 그의 얼굴에는 개운함보다 피곤함이 엿보였다. 입술은 트고 다소 갈라졌다. 당시에는 한창 한국당의 '우경화'에 대한 우려가 제기되는 시기였다. 김 위원장은 "당이 과도한 국가주의로 흐르거나 우경화되지 않을 것"이라고 강조했다.

　　그 당시에는 지나가는 시민 아무나 붙잡고 한국당에 대한 이미지를 물어봐도 '비호감 정당'이라는 답변을 듣기가 십상인 시기였다. 어쩔 수 없었다. 거대한 촛불 민심과 탄핵 여파가 가시지 않은 때였다. 주변 일부 지인들도 "그 소굴에 네가 들어가 있다고?"라는 뭔가 안쓰러운 눈빛을 보내기 일쑤였다. 하지만 실제 겪어 본 한국당 내부는 세간의 인식처럼 꼭 이상하지만은(?) 않았다. 의원 한 사람, 한 사람은 지극히 합리적인 의견을 내놓거나, 보수 정치의 현 주소 혹은 당의 방향에 대해 쓴소리를 아끼지 않는 이들도 있었다. 물론 어떻게 의원 배지를 달고 이곳에 있을까 의심이 가는 이들도 있다. 하지만 그건 비단 한국당에만 해당되는 얘기는 아닐 것이다. 여야 모두 의원 개개인별로 능력 차가 있을 수 있다. 다만 어느 진영에서도 집단적으로 한목소리를 낼 때는, 온건파가 강경파에 밀리는 경향이 있는 것으로 보인다. 언론 역시 좀 더 센 목소리를 부각시킨다. 뉴스를 접하는 시민들은 이런 구도가 익숙하거나, '대체 왜 저래'라는 갑갑한 심정일 것이다.

한국당을 코너로 몰아갔던 '5·18 민주화운동 폄훼 논란'도 강성 목소리가 지배한 사례라 볼 수 있다. 2019년 2월 한국당 김진태, 이종명, 김순례 의원 등이 주최한 5·18 진상규명 공청회에서 "5·18 민주화운동은 폭동", "5·18 국가유공자는 괴물 집단" 등의 발언이 나와 막말 논란이 불거졌다. 5·18 북한 개입설을 주장하는 극우인사 지만원 씨가 공청회에 초청되기도 했다. 한국당은 5·18 민주화운동 진상규명조사위원회에 지 씨를 한국당 몫 위원으로 추천하려는 움직임도 보인 바 있어 한참 논란이 되기도 했다.

이 와중에 비대위 체제를 끝낸 한국당은 신임 당 대표와 최고위원을 뽑는 '2·27 전당대회'를 진행하고 있었다. 당 대표 후보군으로는 황교안 전 국무총리, 오세훈 전 서울시장(현 서울시장), 김진태 의원이 나서 3자 대결로 확정됐다. 구도는 얼핏 보면 친박계(황교안·김진태) 후보 2명과 비박계(오세훈) 후보 1명의 대결로 비칠 수 있지만, 황 전 총리에게 당시 덧씌워진 '배박'(배신한 친박) 이미지가 있었다. 박근혜 전 대통령 최측근인 유영하 변호사가 한 방송 인터뷰에서 황 전 총리가 대통령 권한대행 시절 수감 중인 박 전 대통령을 예우하지 않고 수인번호도 몰랐으며 책상·의자 반입 요청도 묵살했다고 주장하면서다. 그럼에도 그나마 새 얼굴을 원했던 한국당에선 '황교안 대세론'이 굳혀지고 있었다.

전당대회가 개최되면 후보들은 전국을 돌며 연설하게 된다. 연설 연기는 늘 뜨거웠다. 과거 전당대회에서 신발을 벗고 맨발로 태극기를 휘날리며 노래를 불렀던 후보가 화제가 된 적이 있다. TV 화면으로 보며 '저 정도까지?'라며 눈을 의심했지만 실제 전당대회 열기를 겪어 보니 충분히 이해가 가능했다.

전당대회 첫 출장지는 '보수의 심장'이라고 불리는 대구였다. 대구·경북(TK) 합동연설회가 열리는 대구 엑스코에 다다르니 한국당의 상징색인 빨간 점퍼를 입은 지지자들이 가득했다. 연설 시간을 앞두자 지지자들은 방청석에 자리를 잡았다. 각 후보 얼굴이 프린트된 플래카드와 현수막, 풍선까지. 마치 아이돌 팬클럽을 방불케 했다.

김병준 비상대책위원장이 인사말을 시작했다. 그때였다. "야 이씨", "내려가!", "무슨 자격으로 올라왔어?" 욕설과 고성이 사방에서 쏟아져 나왔다. 김 위원장은 처음엔 무시하다가, 발언이 어려운 상태까지 이르자 "조용히 하십시오!"라며 목소리가 나오는 쪽을 노려봤다. 그럼에도 웅성거림은 멈추지 않았다. 원인은 '5·18 민주화운동 폄하 논란'과 관련한 외부의 비판에 대해 제대로 싸우지 않았다는 것이었다. 시작부터 심상치 않다는 느낌이 들었다. 그리고 예감은 틀리지 않았다. 청년최고위원에 도전하는 김준교 후보가 연단에 올라오면서다.

"저는 문재인을 탄핵시키기 위해 출마했습니다. 문재인은 지금 나라를 팔아먹고 있습니다. 저는 절대로 저자를 우리 지도자로 인정할 수 없습니다. 문재인을 민족반역자로 처단해야 합니다! 여러분!"

김 후보의 발언에 무대는 달아올랐다. 장내는 박수와 환호로 뒤덮였다. 지지자들이 듣기엔 마치 사이다 같은 발언이었겠지만, 저런 거친 발언만으로 최고위원 후보 연설을 끌어갈 수 있다는 사실이 놀라웠다. 김 후보 발언에 대해 또다시 막말 논란이 불거졌다.

전당대회 내내 한국당은 이러한 막말 논란과 지나친 우경화 우려에 몸살을 앓았다. 언론에선 이를 '태극기 표심'이라고 표현했다. 태극기 표심이 가장 지지하는 후보는 '강성 친박'으로 분류되는 김진태 의원이었다. 어느 날에는 카우보이모자를 쓰고 연단에 올라 좌중을 압도했다. 김 의원을 잘 알진 않지만 일부 기자들 사이에선 '의외로 수줍음을 잘 탄다'는 평가가 있었다. 하지만 무대에서 그는 강력한 호응을 얻고 훨훨 날아다녔다. 김 의원과 비견되는 후보로는 오세훈 후보가 있었다. 오 후보는 전당대회 내내 '중도로 가야 한다'고 강조했다. 그럴 때마다 '배신자'라며 고성과 야유가 터져 나왔다. 이미 '황교안 대세론'이 굳어진 가운데, 막판까지 2위를 누가 차지할 것인가가 크게 관심사였다. 전당대회 분위기를 감안하면 2위는 김진태 후보가 차지할 것이란 관측이 우세했다. 하지만 결국 뚜껑을 열어 보니 황 후보가 1위, 2위는 오 후보, 3위는 김 후보가 기록했다. 당원 투표의 경우 별 차이는 나지 않았지만, 특히 일반 국민 투표에서 오 후보가 우세를 차지했다. 이를 두고 '중도 확장론'이 여전히 유효한 게 아니냐는 분석이 쏟아졌다.

다만 "문 대통령 탄핵"을 내건 김준교 청년최고위원 후보는 2위를 차지했다. 4명을 선출하는 최고위원 경선에서도 5·18 망언으로 논란이 됐던 김순례 의원이 3위를 차지하며 최고위원에 진출했다. 이렇듯 한국당은 당심과 민심, 강성보수와 중도 확장, 집토끼와 산토끼 사이에서 아슬아슬하게 줄타기를 이어 갔다. 2020년 21대 총선 직전까지 한국당의 '스탠스'는 늘 최대 숙제였다.

"박 기자는 바둑을 참 잘 둘 것 같아"

의원들과 점심 식사를 하다 보면 종종 듣는 말이다. 특히 바둑을 좋아하는 의원들이 내 이름과 프로 바둑기사 박정환 9단을 비교하며 이야기를 풀어냈다. 하지만 이름만 같을 뿐, 나는 바둑의 '바' 자도 모른다. 만약 초등부 바둑대회를 나갔어도 예선 탈락은 자명했을 것이다.

갑자기 바둑 얘기를 꺼낸 이유는 정치판의 치열한 수 싸움이 마치 바둑과 같아서다. 물론 정치 이벤트 중 바둑에 제일 어울리는 건 정치의 꽃인 선거다. 바둑알을 어디에 두느냐, 어느 곳이 더 기세가 강한가, 어떤 점을 공략해야 하는가, 신의 한 수는 무엇인가 등을 고민해야 하기 때문이다. 하지만 선거 이전에 나에게 마치 바둑처럼 느껴졌던 판은 '패스트트랙 정국'이었다. 선거법 개정과 고위공직자범죄수사처(공수처) 신설까지, 정치부 기자가 보기에도 골치가 아픈 상황이 이어졌다.

다만, 바둑이라고 표현하기에는 너무 거칠었다. 2019년 4월 국회는 아수라장이라는 표현이 부족할 정도로 갈등이 최고조에 달했다. 선거법 개정과 공수처 설치, 검경 수사권 조정 개혁안을 패스트트랙(신속처리안건)으로 지정하는 문제를 두고 정치권이 맞붙은 것이다. 패스트트랙으로 지정된 법안은 180일 이내에 상임위원회 심사를 마치고 90일 이내에 법제사법위원회를 거쳐, 60일 이내에 본회의에 상정된다. 이른바 '4+1 협의체'로 불리는 더불어민주당과 정의당, 바른미래당 당권파, 민주평화당+대안신당은 패스트트랙에 해당 법안들을 지정하기로 손을 잡았다. 반면 한국당과 바른미래당 비당권파는 이를 적극 반대하는 상황이었다.

선거제 개혁과 검찰 개혁은 문재인 정부의 핵심 과제였다. 선거제 개혁의 핵심으로 내세운 논리는 정당 득표에 있어 민의의 반영, 즉 비례성 강화였다. 기존 선거제(병립형 비례대표제)는 국회의원 의석수 300석 가운데 253석은 '지역구 의원', 나머지 47석은 정당 지지율에 따라 각 정당이 선발한 '비례대표 후보'들에게 배분됐다. 하지만 선거제 개혁안인 연동형 비례대표제는 정당 득표율이 높은데 지역구 당선자 수가 적다면 득표율에 할당된 의석수만큼 비례대표 의석수를 추가로 배분해 주는 구조다. 그 때문에 지역구에 당선되지 못했지만 정당 득표를 많이 받은 소수정당들에게 유리하게 해석됐다. 범보수계로 묶이는 한국당과 바른미래당 비당권파는 민주당과 소수정당들이 '범여권'으로 손을 잡아 총선에서 유리한 구도를 만들려는 속셈이 있다고 지적했다. 공수처 역시 대통령이 사법부를 장악하고 입맛에 맞는 수사를 할 수 있다고 비판하는 상황이었다.

해당 법안을 패스트트랙으로 지정할 수 있는 위원회는 선거법의 경우 정치개혁특별위원회(정개특위), 공수처법은 사법개혁특별위원회(사개특위)였다. 각 위원회의 패스트트랙 지정 찬성 위원들을 확보하는 게 과제였다. '캐스팅보트'(결정권을 좌우할 제3당의 표)를 쥐고 있던 바른미래당 당권파는 비당권파의 강력한 반발에도 하루 새 이례적으로 두 번의 사보임(국회 상임위원회와 특별위원회 위원을 사임하거나 보임하는 것)을 밀어붙인 끝에 패스트트랙 지정에 유리하도록 위원을 구성했다. 이제 회의만 열면 패스트트랙 지정 및 통과가 가능했다. 한국당과 바른미래당 비당권파는 일방적 통과를 두고 보지 않았다. 한국당 의원들은 국회 4층 정개특위 회의실, 2층 사개특위 회의실, 3층 운영위원회 회의실, 7층 의안과·의사과, 의원회관 6층 바른미래당 채이배 의원 사무실을 동시에 점거했다. 채 의원의 경우 바른미래당 당권파이자 사보임으로 사개특위에 합류한 인물이었다. 한국당에서 마술에 정통한 한 의원은 채 의원을 달래기 위해 마술 가방을 챙겨 들고 의원실에 들어가기도 했다. 패스트트랙 정국으로 촉발된 '동물 국회'의 서막은 이렇게 올랐다.

"한국당 의원님들, 문 좀 열어 주세요 이러지 좀 마시고요."

"이런 건 엄연한 국회선진화법 위반입니다."

　　한국당이 국회 본관 4층 정개특위 회의실 입구와 복도를 점 거하자, 복도 유리문 밖에 민주당 의원 수 명이 몰려와 외쳐 댔다. 한국당 의원들은 "그런 말할 자격이 있어?", "○○ 의원 시끄러워", "초선 주제에 뭘 알아!", "들어오기만 해 봐"라며 스크럼을 단단히 짰다. '좌파독재 타도', '헌법 수호' 등의 구호도 울려 퍼졌다.

　　하지만 민주당 의원들의 가벼운 '도발'은 이른바 '훼이크'였다. 6층에서 정개특위 회의가 열린다는 소문이 퍼졌기 때문이다. 한국 당 의원들은 '속았다'며 계단을 재빠르게 올라갔다. 기자들은 의원 들을 쫓아갔다. 숨이 턱 끝까지 찬 상태에서 6층에 다다르자 또 다 른 전쟁터가 펼쳐졌다.

　　위원 사보임이 이뤄진 25일부터 정개특위, 사개특위에서 법 안이 패스트트랙으로 지정된 29일 밤까지, 이러한 몸싸움과 대치 국면은 계속해서 이어졌다. '빠루'(쇠지레)와 망치가 동원되는 한편, 자리를 잡고 단체로 드러눕는 장면도 비일비재하게 펼쳐졌다. 애 꿎은 국회 직원들은 중간에서 허리나 갈비뼈, 목을 다치기도 했다. '압사할 것 같다'는 비명들도 쏟아졌다. 기자들 역시 출근부터 퇴 근까지 내내 전쟁터를 뛰어다녔다. 국회에 있다가 밖에 나오면 마 치 다른 세상에 온 것 같은 느낌이 들었다. 29일 늦은 밤, 잡아탄 택 시에서 기사가 했던 말이 아직도 기억난다. "대체 국회는 왜 그런대요?"

　패스트트랙 정국 이후 여야의 대치는 더욱 고조됐다. 선거법 개정안과 공수처법 등이 국회 본회의에 부의(본회의에서 안건을 심의할 수 있는 상태로 만드는 행위)된 2019년 12월까지 한국당은 투쟁을 이어 갔다. 황교안 대표를 포함해 의원들의 삭발, 단식이 잇따랐고 장외 집회도 개최됐다. 연말에는 필리버스터(무제한 토론)를 통해 정점을 찍었다. 강해지는 투쟁력만큼 피로도도 누적됐다. 어느 날 비공개 의원총회에서 한 의원이 꾸벅 졸다가 황 대표에게 면박을 들었다는 소식이 전해졌다. 의원들도 한국당을 담당하는 기자들도 모두가 고난의 시기였다.

동트기 전 새벽이……

　동트기 전 새벽이 가장 어둡다 했던가. 볕 들 날 없던 한국당도 절호의 반전 기회를 잡은 시점이 있다. 바로 그 유명한 '조국 사태' 때이다.

　2019년 8월 9일, 여름은 찌는 듯했고 가뜩이나 답답한 정장은 더욱 거추장스러웠다. 와이셔츠 소매를 걷고 기자실에 앉아 영혼 없이 키보드를 두드리고 있었다. 앞으로 다가올 거대한 폭풍은 예상하지 못한 채. 그날, 문재인 대통령은 조국 전 민정수석을 법무부 장관 후보자로 지명했다.

당시만 해도 조 전 장관은 '리틀 문재인', '문(文)의 남자'라는 별칭이 붙은 실세 중 실세였다. 법무부 장관에 올라 문재인 정부의 핵심 과제인 검찰 개혁을 완수할 것으로 기대됐다. 민정수석을 지낸 만큼 특별한 결격 사유가 있겠느냐는 예상도 잇따랐다. 그런데 조 전 장관에 대한 인사청문 자료가 국회로 오면서 조금씩 기류가 변하기 시작했다. 일단 주목되는 것은 조 전 장관 배우자와 자녀의 '블루코어밸류업 1호 사모펀드' 74억 원대 투자약정이었다. 블루코어밸류업은 자산 운용사인 코링크프라이빗에쿼티(코링크PE)의 사모펀드 중 하나다. 코링크PE는 조 전 장관의 5촌 조카 조범동 씨가 총괄 대표를 지냈다. 이에 해당 사모펀드의 정체와 매출 방식 등에 대한 의문이 꼬리를 물었다. 게다가 조 전 장관 딸의 입시 비리 의혹까지 터져 나오면서 정국은 '조국 이슈'로 흔들렸다.

기자실에 출근하면 주요 일간지를 죽 훑어보는 게 일과의 시작이었다. 초반에는 조 전 장관 관련 의혹 보도가 하나씩 나오기 시작하더니 나중엔 걷잡을 수 없이 쏟아져 내렸다. 보도는 마치 폭풍우처럼 몰아쳤다. 자고 일어나면 홍수 속에서 허우적대는 느낌이 들었다. 의혹은 사모펀드, 입시 비리뿐만 아니라 조 전 장관 일가가 운영해 온 사학재단 웅동학원 채용 비리 의혹, 부인 정경심 씨의 표창장 위조 등까지 걷잡을 수 없이 퍼져 나갔다. 패스트트랙 정국과 함께 항상 열세에 놓였던 한국당은 절호의 기회를 잡았다. 한국당 출입기자들도 덩달아 바빠졌다. 매일 의원실을 돌아다니며 "오늘은 뭐 건수 없어요?"라고 묻는 게 일종의 루틴처럼 자리 잡았다. 당시 사모펀드 의혹의 경우 국회 법제사법위원회 소속 김도읍·주광덕 의원이, 입시 비리는 국회 교육위원회 소속 곽상도 의원이 담당했다. 한국당의 '주포'라 불릴 만했다. 유민봉 의원실도 주요 정보가 많았다. 곽상도 의원실의 경우 마치 수사를 하는 것 같다며 '검사실'이라는 별칭이 붙었다. 보좌관은 블루투스 이어폰을 끼고 쉴 새 없이 전화를 받았다.

각 언론사마다 조국 태스크포스(TF)도 꾸려졌다. 우리 회사 역시 TF를 가동했다. TF에서 특히 집중해서 본 부분은 사모펀드였다. 청문 자료를 샅샅이 훑어보는 한편, 수많은 취재원을 접촉했다. 가끔 주요 정보나 자료가 있으면 국회를 떠나 모처의 은밀한 장소(?)에서 철저히 보안을 지키며 분석했다.

인사 검증은 보통 모든 매체에서 청문회 직전까지 몰아친 뒤, 청문회에 직접 후보자가 나와 각종 의혹에 대해 해명함으로써 정점을 찍곤 한다. 하지만 조 전 장관의 청문회는 가족 등 증인 채택 문제로 여야의 줄다리기가 계속되다가 끝내 개최 예정일에 무산되기에 이르렀다. 그리고 그날, 사상 초유의 대국민 기자간담회가 벌어졌다.

간담회 소식은 점심시간을 앞두고 흘러나오기 시작했다. 청문회는 불발됐지만 '국민께 의혹을 설명할 기회를 갖고 싶다'고 조 전 장관이 민주당에 요청했다는 것이다. 민주당은 이를 수용했고 개최가 확정됐다. 장소는 평소 민주당 의원총회가 열리는 국회 본청 246호. 시작은 오후 3시 30분. 시간은 무제한. 장관 후보자가 청문회 대신 기자간담회를 여는 것은 처음 있는 일이었다. 국회 기자실에는 당황스러운 분위기가 흘러나왔다. 여당 반장 선배들이 분주하게 형식에 대해 의견을 나눴다. 갑자기 들이닥친 간담회였지만 그간 수많은 의혹들이 불거졌기에 보이콧도 쉽지 않았다. 결국 매체당 기자 1명 참석을 원칙으로 간담회 형식이 갖춰졌다.

"우리는 누가 갈래? TF팀에서 가야 하지 않겠어? 정환이가 가라."

다소 긴장된 마음으로 246호로 향했다. 이미 자리한 방송 카메라들은 바삐 움직였고 기자들은 급하게 질문을 짰다. 시간이 되자 조 전 장관이 246호 입구에서 책상까지 터벅터벅 걸어 나왔다.

6 대 4 가르마에 희끗하게 보이는 머리, 큰 키에 마른 체형. 백팩은 한쪽 어깨에 멨는데, 세월호 참사 추모를 상징하는 노란색 리본이 가방 끝에 달려 있었다.

"과분한 기대에 큰 실망을 안겨 드렸습니다. 알고 있는 모든 사실에 대해 소상히 답변 드리겠습니다." 조 전 장관이 책상에 앉아 독서대와 자료를 올려놓고 운을 뗐다.

곧바로 질문들이 쏟아졌다. 조 전 장관의 딸이 의학 논문의 제1저자로 등재된 것부터 인턴십 문제, 그리고 '폴리페서'(polifessor. 현실 정치에 적극적으로 참여하는 교수를 일컫는 조어) 논란까지, 날카로운 질문들이었다.

수많은 기자들 사이에서 질문을 못 할 수도 있다는 절박감이 들었다. 사회를 보는 민주당 수석대변인 홍익표 의원을 뚫어져라 바라보면서 손을 번쩍 들었다. 드디어 11번째, 내 순서가 됐다. 사모펀드 문제에 대한 첫 질문으로 포문을 열었다.

"코링크PE 투자를 부인에게 맡긴 건지요? 사모펀드 실소유주가 5촌 조카 조모 씨라는 의혹이 있습니다. 해명 부탁드립니다."

모든 카메라와 시선, 조 전 장관을 직접 대면한 상황에서 긴장감은 최고조에 달했다. 긴장할 때 말 중간에 '쓰읍'을 넣는 습관이 그대로 질문 사이에 담겼다.

조 전 장관은 마치 그 질문을 기다렸다는 듯이 구구절절 설명했다. 부인이 사모펀드에 투자한 것은 사실이라면서도 사모펀드 구성은 잘 몰랐고 관여하지도 않았다고 선을 그었다. 총괄 대표인 5촌 조카 역시 제사 때 1년에 한 번, 많아야 두 번 볼까 하는 사이라고 밝혔다. 펀드 투자 보고서도 찾아봤지만 투자 대상을 모르는 '블라인드 펀드'이기 때문에 운용 내역도 잘 모른다고 주장했다. 손에 쥔 펀드 보고서를 흔들면서.

혹시나 흐름이 끊길까, 곧바로 다음 질문을 이어 갔다.

"이미 딸, 아들, 처남까지 후보자가 돈을 빌려줘서 투자했고 주주라는 점이 나왔는데요. 그런 걸 보면 후보자 일가가 펀드 운영에 관여했고 사실상 블라인드 원칙에 위배되는 것 아니냐는 의혹이 있는데요. 여기에 대해선 어떻게 생각하십니까?"

"그것은 검찰에서 펀드 회사를 압수수색했으니 실제 펀드 투자에서 어떤 일이 있었는지는 검찰 수사를 통해 밝혀질 것이라고 봅니다."

나와 조국의 시간은 그렇게 끝났다. 질문이 끝나자 지인부터 친척까지 사방에서 연락이 왔다. 그리고 그때는 몰랐다. 기자회견이 10시간 넘게 이어질 줄은. 쏟아지는 질문들에는 조 전 장관에 대한 모든 의혹들이 총망라됐지만 시간이 갈수록 예리함은 무뎌졌다.

공격하는 측도 자료를 쥐고 있는 청문회와 달리 기자간담회에 참석한 기자에게는 취재를 통한 의혹뿐이었다. 간담회가 끝나니 새벽 2시 13분이었다. 집에 가는 택시를 잡아타며 생각했다. '하아, 내일도 출근이 쉽지 않겠구나.'

간담회가 끝나고 4일 후, 조 전 장관 청문회는 결국 열렸다. 청문회 역시 '맹탕'이라는 평가를 받았다. 진실 규명은 여전히 요원했다. 오히려 극적인 장면은 나중에 펼쳐졌다. 청문회가 끝난 직후 검찰이 조 전 후보자의 부인을 사문서 위조 혐의로 기소했다는 속보가 전해진 것이다. 청문회를 중계하는 TV 화면 밑에 뜬 속보 자막을 보며 '세상에 이런 일이 다 있구나'라는 생각이 들었다. 마치 영화의 한 장면을 보는 듯했다.

문 대통령은 임명을 강행했지만 조 전 장관은 결국 36일 만에 사퇴했다. 조국 수사를 지시한 윤석열 검찰총장은 정부와 여당으로부터 끊임없는 공격을 받았다. 폭풍우를 안고 왔던 인사 스캔들의 나비 효과는 엄청났다. 그 후 윤 총장은 대권주자가 된 뒤, 대통령이 됐다.

2020년 12월 서울중앙지법은 조 전 장관 부인 정경심 씨의 자녀 입시 비리 등 혐의에 대해 유죄를 인정하고 징역 4년형·벌금

5억 원·추징금 1억3894만 원을 선고, 법정 구속했다. 정 씨는 항소 의사를 밝혔다. 자녀 입시 비리 및 감찰 무마 의혹 등으로 기소된 조 전 장관 재판의 경우 1심 재판부의 주심 판사가 휴직하면서 아직도 공전하고 있는 중이다. 이 시점에 다시 기자간담회가 열린다면 나는 과연 어떤 질문을 던질까. 적어도 '쓰읍'을 거듭할 만큼 긴장은 하지 않으리라.

정치의 꽃인 총선을 거치며

조국 사태는 야당에게 '보수통합'의 신호탄이 됐다. 범보수계가 '반(反)조국' 깃발을 들며 연합을 시도한 것이다. 보수통합의 두 축은 한국당의 황교안 대표, 바른미래당의 유승민 전 대표였다. 21대 총선을 앞두고 보수대통합은 최대 과제였다. 공감대는 있었지만 '각론'이 문제였다. 보수 내에서도 노선이 달랐고, 박근혜 전 대통령 탄핵에 대한 입장 차도 여전했기 때문이다.

총선에서 또 다른 화제는 황교안 대표의 종로 출마 여부였다. 황 대표는 이미 '수도권 험지 출마'를 공언한 터였다. 종로는 '정치 1번지'로서 최대 험지로 인식됐지만 황 대표는 쉽사리 결정을 내리지 못했다. 여당에서는 이낙연 전 총리라는 거물급이 출마를 결정한 상태였다.

공천을 정하는 당 공천관리위원회(공관위)에서는 연일 격론이 벌어졌다. 황 대표가 험지에 나서야 TK 물갈이, 유력주자 험지 차출, 보수통합 등 당면한 총선 전략이 줄줄이 풀려 나간다는 의견과 함께, 종로에서 패한다면 걷잡을 수 없는 타격을 입을 것이란 비관론이 공존했다.

황 대표의 종로 출마를 가장 거세게 외친 인물은 이석연 공관위 부위원장이었다. 법제처장 출신으로 '헌법적 자유주의자'를 표방하는 그는 발언 역시 자유롭고 거침이 없었다. 기자 입장에서는 고맙고 중요한 취재원이었다.

총선을 앞둔 공천 시즌, 기자들은 특종과 낙종을 거듭한다. 전문 용어로 물을 먹이고 물을 먹는다. 그만큼 촉을 바짝 세워야 하고 어느 지역에 누가 공천되는가에 집중해야 한다. 거물급이 공천 배제되거나, 불출마를 선언하거나, 험지 출마를 선언한다면 무엇이든 뉴스가 된다. 공관위의 공천 방침도 마찬가지다. 의원들이 전화를 제일 잘 받는 시기가 바로 공천 시기다. 정치 무대는 일종의 공연이라고 볼 수 있다. 낮에 대중 앞에서 화려한 공연을 마치고 나면 밤에는 대본 및 각본을 짜낸다. 낮에 그렇게 싸우던 정치인들도 밤에는 만나서 허심탄회하게 의견을 나누는 경우를 많이 봤다. 그만큼 밤에 기자들도 바빠진다. 가뜩이나 빈번한 술자리가 더욱 많아진다는 얘기다.

전투(?)를 마친 다음 날 아침, 국회행 셔틀버스에 실려 출근하고 나면 숙취가 가실 시간도 없이 바로 이 부위원장에게 전화를 걸었다.

"황 대표 어떻게 하려나요? 종로 출마해야 한다는 방침은 변함없죠?"

"당연하죠. 황 대표 출마 문제는 보수가 재건하느냐가 달린 큰 문제예요. 하루 빨리 거취를 결정해야지 말이지. 지금은 비상시기예요. 지금 한국당이란 타이타닉호가 침몰하고 있어요. 오죽하면 이런 얘기를 하겠어요?"

공관위의 하루는 또다시 바쁘게 돌아간다. 회의, 또 회의. 기자들은 공관위 회의실 앞에서 '뻗치기'를 하곤 한다. 혹시나 이야기가 들릴까 '귀 대기'를 하는 경우도 있다. 그러다 해가 또 저물면 마치 하이에나처럼 취재원을 찾아 헤매곤 한다. 역시 황 대표의 종로 출마 여부에 대한 토론이 대표적인 술 안줏거리였다.

"황 대표가 쉽게 결정을 안 하는 타입인데, 끝까지 모르겠어. 기자들은 어디 갔으면 좋겠다 생각해?"(초선 의원)

"종로는 험지가 아니라 사지지. 그래도 예전에 노무현 대통령 사례를 봐. 떨어져도 다시 잘됐잖아. 그 방식이 좋지 않을까?"(중진 의원)

"황 대표가 어제 북악산에 올랐고 고심이 끝났어. 종로 출마 결정 났대. 빨리 쓰는 사람이 임자야. 얼른."(당 핵심 관계자)

이 중 당 핵심 관계자의 말은 '간절한 바람'이 담긴 발언이었다. 기사라도 써서 여론을 형성하자는 의도였다. 다행히 그 술자리에 참여한 기자 모두 기사를 쓰지 않았다. 얼마 지나지 않아 황 대표는 종로 출마 선언을 했다.

보수통합의 또 다른 한 축인 유승민 전 대표는 바른미래당을 탈당한 뒤 새로운보수당을 차렸다. 이후 "개혁보수의 희망을 살리고 자신을 내려놓겠다"며 4·15 총선 불출마를 선언했다. 새보수당과 한국당의 합당으로 범보수 통합신당인 미래통합당이 세워졌다. 공관위의 영남권 및 중진 물갈이 등 공천 개혁 작업도 속도가 붙었다. 총괄선거대책위원장은 '여의도 차르'라고 불리는 김종인 전 비대위원장이 맡았다. 공천이 어느 정도 마무리되자 의석수 확보를 얼마나 할지 각종 전망이 쏟아졌다.

"수도권이 위험하다. 대패할 것 같아."

총선을 며칠 앞두고 통합당의 싱크탱크인 여의도연구소에서 비관적인 전망이 나온다는 소식이 흘러나왔다. 뚜껑을 열어 보니 예상보다 더한 '참패'였다. 21대 총선 결과 더불어민주당은 163개, 통합당은 84개의 의석을 얻는 데 그쳤다. 비례대표용 위성 정당까지 합하면 민주당은 180석을 확보해 '공룡 여당'으로 거듭난 반면, 통합당은 103석으로 개헌저지선(100석)을 겨우 턱걸이로 넘는 굴욕적 패배를 겪었다. 탄핵 사태 이후 거듭나지 못한 보수정치에 대한 여론의 냉엄한 평가였다. 총선 이후 나 역시 한국당을 떠나 경찰청으로 출입처를 옮겼다.

2장
무엇이
문제일
수
있는가

각자 할 일이 있으니

따스한 햇살이 캠퍼스를 가득 비추고 있는 봄이었다. 새 학기가 막 시작된 것을 알리듯, 학교 곳곳은 왁자지껄한 웃음소리로 가득 찼다. 활기찬 분위기 속에서 유독 침울하게 교정을 헤매는 이가 있다면 학보사 기자라고 생각해도 좋다. 그날도 발제거리가 없어 허덕일 때였다. 그런데 때마침 귀를 솔깃하게 하는 제보가 들어왔다. 동아리에서 열심히 활동하는 친구로부터 전화가 온 것이다.

"학교에서 동아리 평가를 하나 봐, 신임 동아리연합회장이 주도하고 있고 근데 동아리를 학교에서 점수를 매겨 퇴출시킨다는 게 말이 되냐?"

학생회관에 방을 내주고 학교에서 각종 지원을 한다지만, 학생자치단체인 동아리를 학교 측에서 평가해 퇴출시킨다는 게 선뜻 이해하기 어려웠다. 학교의 지원은 어디까지나 학생이 낸 등록금의 일환이었다. 게다가 살짝 알아본 평가 항목은 더욱 납득하기 어려웠다. 동아리의 '내외부 수상 내역'부터 '전체적인 분위기', '환경미화', '취침 및 음주 여부', '성의껏 평가를 받는 모습' 등 주관적인 평가도 점수 항목에 포함됐다. 무엇보다 점수 비중이 큰 건 '봉사활동'이었다. 미션스쿨인 만큼 학교에선 봉사활동을 늘 강조해 왔다. 학생자치단체에 대한 '길들이기' 아닐까란 생각이 스쳤다.

곧바로 취재에 착수했다. 며칠 전 실제로 신임 동아리연합회장이 공약 사안이라며 전체 대표자회의를 열어 벌점제도, 최하위 동아리 퇴출, 지원금 차등 지급 등을 논의했고 학교 측과도 의견을 조율했다는 사실을 확인했다. 설명을 듣기 위해 동아리연합회장을 찾았다. 듬직한 체격의 그는 취임 후 처음 본 기자를 반갑게 맞아 줬다. 그러곤 포부 넘치게 "동아리 평가를 통해 전체 동아리의 점진적 발전을 이루겠다"고 밝혔다. 학교 측 담당 교직원 역시 "균등한 지원은 바람직하지 않다. 평가 방법을 모색하겠다"라고 거듭 강조했다.

"학교가 학생자치기구라는 뜻을 잘 모르는 것 아닐까요?"

동아리에서 활동하는 학생들은 불만이 가득했다. "입맛에 맞는 동아리만 추리겠다는 뜻 아니냐"는 지적이 대다수였다. 다른 학교 동아리 지원 현황을 파악해 보니, '황당하다'는 반응이 나왔다. 다른 학교에서는 동아리연합 차원에서 자체적으로 결정하거나, 오히려 상황이 어려운 동아리를 북돋는 식의 지원을 한다는 내용도 접했다. 그대로 기사를 써냈다. 1면 톱을 당당히 차지했다.

기사가 나가자 평소 친분이 있던 교직원이 곧바로 전화를 걸어 왔다. "어떻게 이럴 수가 있느냐"며 서운함을 감추지 못했다. 동아리 내에서는 연합회장에 대한 비판이 쏟아지며 끝내 공약이 좌초됐다. 회장의 리더십은 취임 초부터 큰 타격을 입었다. 나도 예상치 못한 파장이라 어리둥절하기만 했다.

그렇게 며칠이 흘렀을까. 학보사가 위치한 학생회관 지하에는 샤워장이 있다. 그 전날 새벽까지 술을 마시고 학보사 간이침대에 쓰러져 잔 뒤 샤워장에 씻으러 내려갔다. 한참 비누칠을 할 무렵, 등 뒤에서 무엇인가 어두운 기운이 몰려왔다. 귀신은 현생에 없을 테고 살며시 뒤를 돌아봤다. 아니나 다를까, 그 듬직한 체격의 동아리연합회장이 떡하니 서 있었다. 순간 머릿속이 복잡해졌다. 이를 어찌한담. 처음 취재 간 날, 악수했던 그의 손은 상당히 컸다. 알몸으로 맞으면 아프지 않을까. 반갑게 인사를 하기도, 그렇다고 무시하기도 어려운 상황. 그런데 뜻밖에 제안이 들어왔다.

"등 좀 밀어 드릴까요?"

"아······, 네, 감사합니다."

"기사 잘 봤습니다."

"아······, 네, 감사해요."

"그런데 흠, 뭔가 섭섭하긴 하네요. 그래도 어쩔 수 없죠. 저도 열심히 하려고 한 거고, 기자님도 열심히 하려고 한 거니까."

"이해해 주셔서 감사해요."

"네, 담에 술 한잔하시죠."

"그러시죠."

회장은 내 등 뒤에 땀이 흐르는 것을 몰랐을 것이다. 내 생애 가장 어색했던 몇 초였지만 내심 그가 고마웠다. 모두가 '열심히 한 다'라. 분명히 속은 끓었을 텐데, 그래도 기자의 역할을 인정해 준 셈이었다.

시간이 흘러 세종시에 상주하며 기획재정부(기재부)에 갓 출 입할 때 일이다. 엘리트 중의 엘리트들이 모인 기재부는 정말 취재 하기가 어려웠다. 전화를 해도 잘 받지 않거나, 세제나 경제정책에 대한 이해도가 떨어지면 '답답하다'는 식으로 응대하는 느낌도 받곤 했다. 그런 기재부에서 유독 하루가 멀다 하고 기사를 쓰는 타사 선배가 있었다. 단독 기사 같은 파장이 큰 기사도 있었지만, 어느 날에는 내가 읽어도 좀 무리하는 게 아닌가 싶을 정도로 속칭 '지르는' 기사도 비일비재했다. 그 선배가 쓴 기사를 확인하다 보면 김이 새기가 일쑤였다. 그러다 보니 '아 또?'라며 확인 취재도 여러 번 건너뛰게 됐다.

어느 날 기재부 홍보를 담당하는 과장과 함께 저녁 자리가 있었다. 술이 한두 잔 오가며 한참 이야기를 나누는 동안 그 선배 얘기가 나왔다. '지르는 기사가 너무 많지 않느냐'며 동석한 모두가 '허허' 헛웃음을 지었다. 누구보다 기사 때문에 시달렸을 과장은 그 선배가 눈엣가시 같은 존재였을지도 모른다. 그가 고개를 끄덕거리다 나지막이 얘기했다.

"귀찮거나 힘들 때도 많죠. 그래도 그게 기자 아니겠어요. 우리는 우리 일을 열심히 하고, 기자는 기자 일을 열심히 하고. 그게 가장 이상적인 것 같아요. 각자 열심히 할 일을 하는 것, 그것만으로 끝이죠."

일련의 장면에서, 어쩌면 좀 과하더라도 언론의 기본 역할에 충실한 게 결국 도리가 아니겠는가라는 생각이 들었다. 이미 고전

용어가 되어 버린 '감시견'의 역할이 언론의 숙명일 수밖에 없다는 얘기다. 취재를 하다 보면 통상 언론은 '검증', 상대방은 '방어' 태세를 갖추게 된다. 권력과 권한이 클수록 방패막은 더욱 견고하다. 언론은 하나라도 더 알아내기 위해 분주하게 찌르지만, 상대측은 여론에 공개될 세부 사안과 세간의 평가, 혹은 정책적 차질이 두렵기 마련이다. 그 과정에서 보이지 않는 줄다리기가 끊임없이 이어지는 셈이다. 언론의 의혹 제기와 상대측의 반론 중 무엇이 '진실'인지는 당장 밝혀지지는 않는다. 다만 그 '밀당'의 과정이 진실을 드러내는 시발점이자 과정이 된다는 사실은 분명하다. 그것이 불편한 진실일지라도, 사회를 한 단계 거듭나게 할 수 있는 마중물이 될 수 있다는 생각이다.

우리 편 아니었어요?

명지대는 강경대 열사의 출신 학교이기도 하다. 전두환 정권 시절 호헌 철폐와 대통령 직선제를 주장하던 학생 운동권 세력은 1987년 6월 민주 항쟁 이후 직선제가 도입되고 노태우 정권이 들어선 후에도 공안정국과 사회 보수화에 대해 문제의식을 가졌다.

이는 곧 학원 자주화 투쟁으로 이어졌는데, 1991년 봄날 명지대 경제학과 신입생이었던 강경대가 시위 과정에서 백골단의 쇠파이프에 맞아 숨지는 사건이 발생했다. 이후 학생들은 노 대통령의 사과와 책임자 처벌을 요구했고, 시위는 들불처럼 번져 갔다. 학생들은 항의 방법으로 끝내 몸을 던져 이른바 '분신 정국'이라는 비극적 분위기가 조성되었다.

그로부터 십수 년이 지나 내가 학교를 다닐 때, 본관으로 올라가는 계단에 흐릿하게 남은 노태우 정권을 규탄하는 낙서가 세월의 흐름을 짐작하게 할 뿐이었다. 위세를 떨쳤던 운동권은 점차 역사 속으로 사라져 가고 있었다. 서울 인문캠퍼스 학생회 중에 운동권은 사회과학대학 단 하나뿐, 나머지는 모두 비운동권이었다. 현재 대학에서는 거의 소멸된 개념이지만, 운동권 학생회는 흔히 NL(National Liberation. 민족해방파), PD(People's Democracy. 민중민주파) 등에 뿌리를 두고 활동해 왔다. 비운동권 학생회는 실용적인 학생 복지, 학교와의 원만한 협의 등을 내세웠다. 운동권 학생회는 자연스레 등록금 인상 등 학교 정책 면에서 학교와 마찰을 빚을 때가 많았다. 그 사이에서 기삿거리가 종종 터져 나왔다. 학보사 기자를 하면서 사회과학대학 학생회와 접촉면이 넓어지는 것은 자연스러운 수순이었다. 비운동권이 대세를 형성하는 가운데 고군분투하는 모습을 보면, 학보사 기자를 떠나 마음 한구석이 짠해지는 느낌도 들었다.

역시나 늘 발제에 허덕이던 그때, 한 학기가 끝나는 반환점에서 각 학생회별 공약을 점검해 보기로 했다. 전체 학생회 공약집을 입수해 하나하나 점검해 나가기 시작했다. 공약이라고 해 봤자 강연회 개최, 모임 활성화, 자판기 설치 등 학생 복지와 관련된 것이었는데, 대부분의 학생회가 10여 개 정도의 공약을 내놓고 70~80% 정도의 공약 이행률을 보였다. 기사가 '맹탕'일 수도 있겠다는 생각이 드는 찰나, 사회과학대 학생회가 눈에 들어왔다. 무려 공약 40여 개. 이 중에 이행된 공약은 달랑 7개였다. 이행률은 불과 17.5% 수준이었다.

공약 면면을 보니 학과 통폐합 전면 무효화, 강의평가 공개 및 과제물 돌려받기 등이 담겨 있었다. 포부는 좋으나 실현 가능성이 문제였다. 설명을 듣기 위해 사회과학대 회장을 학생회관 2층 카페에서 만났다. 한참 공약과 관련한 질문을 하던 나를 빤히 보더니 회장이 인상을 찌푸리며 말했다.

"기자님은 우리 편 아니었어요?"

물론 공약 이행률은 낮지만 이렇게까지 고군분투하며 학교와 싸우는 학생회를 탄압하는 건 비운동권 학생회들에게 유리한 것이고, 학보사의 투쟁 동력도 같이 약해질 것이란 게 회장의 논리였다. 나는 개인적인 친분은 차치하고 기삿거리가 있으면 써야 한다고 맞섰다. 한참 동안 서로 공방이 오갔다. 신문사로 복귀해 그대로 기사를 썼다. 보도가 나가자 사회과학대는 본연의 역할인 공약도 안 지키면서 목소리만 크다는 비판이 쏟아졌다. 한동안 사회과학대 회장은 연락을 받지 않았다. 취재 요청도 거부했다.

현직 기자가 된 뒤 그때 기억이 문득 스쳐갈 때가 있다. 기자도 사람이다. 많이 대면할수록 미운 정이든 고운 정이든 들게 마련이다. 가령 기자 세계에서 뿌리 깊은 출입처 문화가 가끔 묘하게 느껴질 때도 있다. 출입처는 홍보를 위해 출입기자들에게 일종의 편의를 제공한다. 기자실, 소속원들의 연락처, 보도자료 등이다. 출입기자들은 출입처로부터 일부 혜택을 누리는 동시에 감시와 견제역할도 맡게 된다. 취재를 위해선 출입처 소속 취재원과 친해져야한다. 밥 약속과 술 약속을 잡고 얼굴을 익힌다. 그러다 보면 그들의 남다른 고충과 속사정을 알게 되고 각종 정이 다 든다. 묘한 동지의식이 느껴지는 셈이다. '너무 친해지면 기사를 쓰기 어렵다'는 말도 전혀 틀린 얘기는 아니다. 그렇지만 출입처에 문제가 터졌을때 가장 먼저 캐치해서 공론화시키는 일은 늘 출입기자들이 해 왔던 역할이기도 하다.

출입처가 이른바 동네북 신세가 된다면 나도 모르게 욱하는 경우도 있다. 정치부의 경우 여야의 대립이 대표적이다. 평화로운 시기에는 각 당에서 매섭게 내부 상황을 감시하지만, 전시 상황이 되면 상대편에 대한 알 수 없는 적대감이 생기게 된다. 당 내부 사정을 그만큼 잘 이해하기 때문일 것이다. 수사기관 중 항상 라이벌 상대로 놓이는 검찰과 경찰의 경우도 마찬가지다. 최근 '검수완박'(검찰 수사권 완전 박탈) 국면에서 검찰은 반대를 위해 '경찰에서 밝히지 못한 수많은 사건의 진상을 밝혔다'는 취지의 무수한 보도자료를 쏟아 냈다. 매일 법조발 기사를 보면서 일부 경찰기자들은 '언제까지 묵묵히 맞고만 있어야 하느냐', '입장 좀 내라'며 경찰 수뇌부에 대한 답답한 심정을 드러내기도 했다.

반대로 출입처에서 동지의식을 과도하게 들이대는 경우도 있다. 대표적인 게 국회다. 매체의 보도 성향에 따라 각 정당은 '네 편', '내 편'을 구분하는 일이 빈번했다. 특정 언론사라고 하면 전화를 안 받거나 식사 약속을 잡지 않는 경우도 흔했다. 취재가 안 되니 속사정을 캐기 어렵다. 그러다 보니 겉으로 드러난 상황을 두고 비판 수위를 높이는 경우도 많았다. 그것을 또 정당은 '오보' 혹은 '적'이라 생각했다. 물론 모든 정당 소속 정치인들이 그렇다는 뜻은 아니다. 다만 '편 가르기'는 불가피한 현상이었다.

국회를 다니다 보면 우연히 의원들과 한 엘리베이터를 탈 때도 있다. 여야 간 쟁점이 격렬한 현안 얘기가 나오다 보면 "거기 프로그램은 왜 그래?", "왜 우리만 갖고 그래?", "너무 치우쳤어"라는 핀잔을 듣기 일쑤였다. 그럴 때마다 엘리베이터 안은 어색한 공기가 감돌았다. 오찬 자리에서도 모 중진 의원은 한참 식사를 하다 특정 언론 매체를 화제에 올리고 "언론이 그렇게 가면 안 된다"며 테이블을 땅 치고 한참 일장연설을 하기도 했다. 해당 의원이 오찬 자리에서 그런 식으로 언성을 높인다는 소문이 나자, '상대도 하기 싫다'며 아예 자리를 하지 않으려는 기자들도 있었다.

어떻게 보면 언론의 정치적 성향에 따른 분류가 너무나 오랫동안, 당연하게 인식됐기 때문이 아닐까 싶다. 보수, 진보 언론 중 하나로 특정 짓고 이를 정당의 이념과 결부시켜 특정 언론은 내 편, 네 편이라는 인식이 자리 잡은 탓이다. 언론을 보는 여론의 시각도 사실 이 부분과 동떨어져 있진 않다. 언론은 '불평부당성'을 내세우지만 세간의 시각은 이를 잘 믿지 않는다.

결국 언론과 출입처 간, 서로의 선을 잘 지키고 존중하면서 가는 게 필요하다는 생각이다. 정확한 검증을 통해 비판하는 자세, 성숙한 비판을 겸허히 수용하는 자세. 물론 현장을 다니다 보면 당장의 발제에 허덕여 이를 생각하지 못하는 경우가 많다. "각자 맡은 일을 열심히 해야죠." 이 말을 새삼 다시 되새겨 본다.

관찰자는 개입하지 않는다?

'언론의 개입은 어디까지인가'라는 질문은 늘 논쟁적 화두였다. 1994년 퓰리처상을 수상한 사진작가 케빈 카터는 아프리카 남부 수단의 비참한 현실을 고발해 왔다. 그러던 중 굶주림으로 힘이 빠져 있는 어린 소녀와 우연히 마주쳤다. 그 뒤에는 소녀가 쓰러지면 잡아먹으려고 노려보는 독수리가 있었다. 작가는 즉시 셔터를 눌렀지만 사진을 찍는 것보다 소녀를 먼저 구했어야 하는 게 아니냐는 '윤리적 논란'이 일었다. 결국 카터는 수상 3개월 뒤 스스로 목숨을 끊었다. 사실 카터는 사진을 찍은 뒤 독수리를 내쫓았다고 한다. 그가 생을 마감한 건 여러 복합적 이유 때문이라는 얘기도 있다.

고전적인 케빈 카터의 이야기를 넘어, 불과 몇 년 전 한국 언론도 비슷한 논쟁에 휩싸였다. JTBC가 2017년 1월 2일, 덴마크에 체류 중이던 정유라 씨 체포 소식을 전하면서다. 당시 국정 농단 사태에서 정 씨의 입시 특혜 의혹이 불거졌지만 그의 행방은 묘연했다. 그런데 JTBC에서 정 씨가 체포되는 순간을 찍은 화면을 단독 보도로 낸 것이다. 그뿐 아니라 「정유라 추적기 공개」라는 리포트를 통해 기자가 직접 신고를 했다고도 전했다.

보도 이후 '언론은 관찰할 뿐 개입하지 않는다'는 저널리즘 원칙을 어긴 게 아니냐며 논쟁이 불붙었다. 비판하는 측은 "시민으로서 신고하기로 했다면 보도를 포기했어야 했다. 그리고 만약 보도하기로 마음먹었으면 끝까지 관찰자로 남았어야 했다. 그게 보도윤리"(박상현, 「경찰에 정유라를 신고한 JTBC 기자, 어떻게 볼 것인가」, 『미디어오늘』, 2017.01.03.)라고 주장했다. 반면 기자의 개인적 양심과 사회적인 공공 이익을 따졌을 때 기자의 신고 및 보도가 잘못됐다 보기 어렵다는 반론도 있었다. 현장은 워낙 예측 불가능한 요소가 많기 때문에 저널리즘 원칙만으로 대응하기 어렵다는 논리다.

기시감이 느껴진다. 이쯤에서 내 부끄러운 과거를 소환해 보려고 한다. 다시 학보사 시절의 얘기다(지겨우시다면 송구하다. 머리가 워낙 말랑말랑할 때라 기억 하나하나가 선명하기 때문이다).

2008년 여름, 학교 곳곳 출입처에 전화를 돌리고 있었다. 학보사 기자의 흔한 월요일 과업이다. 학교 각 과에 전화해서 "혹시 기삿거리나 행사 같은 것 없느냐"고 묻는 식이다. 이렇게 취합된 정보를 회의 테이블에 올려야 했는데, 아이템이 '가뭄'인 경우가 비일비재했다. 그날도 별 기대 없이 전화를 돌리고 있었는데, 전화를 받은 한 사무처의 행정조교가 "지금 큰일 났다"라고 말했다. "무슨 일이냐"고 묻자, 학교 측이 행정조교를 대규모로 해고하려 한다는 설명이 이어졌다.

학교 조교는 대학원생 중 장학금을 받으며 교수를 보좌하거나 수업 진행을 돕는 '교육조교'와 급료를 받으며 학교의 각종 업무를 담당하는 '행정조교'로 나눠져 있었다. 행정조교는 1년 단위로 계약을 갱신하는 비정규직이다. 그런데 학교 측이 갑자기 협의도 없이 '학교 운영상의 어려움', '학교 조직 슬림화' 등의 이유를 들며 95명 전원 해고하려 한다는 것이다.

곧바로 취재에 착수했지만, 학교 측은 '민감한 사안'이라는 이유로 취재를 피했다. 결국 주요 보직에 있는 교수들을 상대로 속칭 '뻗치기'를 할 수밖에 없었다. 교수의 수업 시간을 파악한 뒤, 수업이 끝나고 은밀히 따라 붙었다. "어 학생, 무슨 일인가?", "『명대신문』 기자인데요." 수업을 듣는 학생인 줄 알고 질문을 받으려는 교수의 표정이 순간 확 굳어졌다. 연구실로 곧바로 직행했지만 끝까지 따라붙어 결국 인터뷰가 성사됐다. 교수는 기사를 내지 말 것을 전제로 달며 '재정 문제', '조직 슬림화' 근거를 장시간 동안 설명했다.

시간이 흘러 행정조교들의 반발은 더욱 거세졌다. 협의 기간이 부족했고 무차별적인 해고라며 대화를 요구했다. 급기야 대화의 문이 닫히자 노조를 결성하고 파업 결정을 내린 뒤 쟁의 행위에 돌입했다. 최초 제보를 했던 평범한 행정조교이자 어머님은 어느새 투사가 되어 있었다. 사회부 기자를 하는 지금도 노조를 결성하는 어머님들을 보면 그때가 어렴풋이 생각이 난다.

사안은 노동위원회 판정대에 올랐다. 2009년 4월 경기지방노동위원회는 '학교법인 명지학원 부당해고 및 부당노동행위 구제신청 사건'에서 △명지학원이 행정조교에게 한 면직처분은 부당해고임을 인정 △30일 이내 행정조교 원직 복직 △해고기간 동안 근로했으면 받을 수 있었던 임금 상당액 지급 등을 판정했다. 기간제 근로자가 반복해서 계약을 갱신할 경우 관례대로 일을 계속할 것으로 기대하는 '갱신기대권'이라는 권리가 생겼지만, 학교 측의 해고 사유는 충분하지 못했다는 논리였다. 학교 측은 중앙노동위원회에 항소했지만 재심 결과도 '초심 유지'였다.

기사를 안 쓸 이유가 없었지만 학교 측의 거센 반발에 부딪혔다. 학교 측의 논리는 '왜 학교의 명성이 떨어지는 일을 학보사가 보도해야 하느냐'는 것이었다. 납득할 수 없었다. 학생들을 상대로 이 사안에 대한 설문조사를 돌렸다. 설문조사 결과조차도 기사로 쓸 수 없었다. 이건 절대 물러나선 안 된다고 생각했다.

당시 행정조교들은 학교 정문 앞에 천막을 치고 농성했다. 정문 앞에서 촛불집회도 벌였다. 시위 현장에서 조교들 옆에 털썩 앉아 학교 규탄 구호를 함께 외쳤다. 기사도 통과시켜 주지 않는다는 일종의 항의 표시였다. 그 장면은 고스란히 집회를 감시하던 교직원 눈에 포착됐다. 다음 날 학교로 불려 갔다. 학보사를 관리하는 교직원과 마주 앉았다.

"어떻게 기자가 그럴 수가 있느냐?"

"기사도 통과시켜 주지 않고 문제가 있다고 생각했습니다."

"그건 중립에 어긋나는 일이다. 기자가 어떻게 시위를 같이 하는가?"

지금 생각해 보면 학교 말이 백번 맞았다. 나는 나대로 그에 걸맞은 투쟁 방식을 생각했어야 했다. 하지만 당시 나는 아이템 통과를 계속 안 시켜 주면 오히려 집회에 더욱 적극적으로 참여하겠다고 엄포를 놨다. 결국 기사는 통과됐고 겨우 지면에 실렸다. 성과는 이뤄 냈지만, 분명 방식은 잘못됐다.

하지만 인간은 같은 실수를 반복한다고 했던가. 시간이 흘러 현직 기자가 된 뒤 여의도 IFC 건물 특혜 의혹을 취재할 때의 일이다.

2002년 이명박 당시 서울시장은 "서울을 동북아금융중심지로 만들겠다"며 옛 중소기업전시장 부지에 IFC를 조성하는 방안을 추진했다. 서울시는 IFC 개발을 위해 미국 보험회사인 AIG와 손을 맞잡았다. 서울시가 소유한 해당 토지를 임대해 줄 테니 개발 사업을 추진해 달라는 것이었다. 토지 임대기간은 50년, 한 차례 연장이 가능해 추가 49년을 더해 99년을 쓸 수 있었다. 대신 임차 기간이 만료되는 2104년이 되면 서울시는 토지와 건물을 기부채납 받는 방식으로 돌려받기로 했다. 단 그 전이라도 개발 후 의무 임차 기간 10년을 채우면 AIG가 건물 처분을 할 수 있다는 계약조건이 달렸다.

AIG는 2006년 IFC 개발을 시작해 2011년 건물을 차례대로 준공했다. 그리고 의무 기간 10년을 채운 2016년 바로 건물 매각을 추진했다. 이를 통해 AIG가 1조 원대의 수익을 거둘 것으로 예상됐다. 반면 AIG가 관리했던 건물은 공실률이 치솟았으며 '동북아 금융 허브'를 만들겠다는 서울시의 약속은 무색해졌다. AIG가 아시아태평양본부를 IFC로 이전하고, 외국계 금융사도 적극적으로 유치하겠다는 약속을 지키지 못했기 때문이다. 결국 AIG가 시세 차익만 거두고 사실상 '먹튀'하는 게 아니냐며 '제2의 론스타' 사태를 방불케 한다는 논란이 일었다.

당시 서울시의회는 이러한 문제를 적극적으로 제기했다. 제보를 받고 취재에 착수한 나는 당시 시의회를 꾸준히 접촉하며 각종 자료들을 받아 냈다. 서울시와 AIG 계약 과정에서 애초 명시됐던 '시의회 승인' 조항이 계약을 거듭하며 은근슬쩍 빠진 부분도 포착해 단독 보도했다. 시의회 측은 시의회의 감시를 피하기 위한 '은밀한 계약' 아니냐며 비판 수위를 높였다.

그러던 어느 날, 한 시의원이 "잠깐 볼 수 있느냐"며 급하게 나를 불러냈다. 또 주요 문건이 있을까 싶어 부리나케 사무실로 달려갔다. 시의원이 기다렸다는 듯 문건 하나를 내밀었다. 그런데 제목이 이상했다. '기자회견문'이 적혀 있던 것이다.

사실 시의원은 AIG 특혜 논란을 부각시키기 위해 글을 쓰고 있는데, 쓰고 또 써 봐도 도저히 눈에 안 들어온다고 한 번만 봐 달라고 호소했다. 쓱 훑어보니 문제점이 한두 가지가 아니었다. 빨간 펜을 들어 문장을 삭제 그었다. "이 문장은 이렇게, 이 문장은 이렇게 가아죠." 간단한 첨삭인데도, 회견문을 본 시의원의 눈이 커졌다. 그는 '이거네, 이거'라는 감탄을 연발했다. 얼마 지나지 않아 기자회견이 열렸다. 첨삭한 회견문이 그대로 기자회견에 등장했다. 말 그대로 묘한 기분이 들었다. '언론은 관찰할 뿐 개입하지 않는다'는 원칙을 철저하게 깬 셈이었다. 부끄러웠다. 다시 그때와 같은 상황이 돌아온다면 같은 실수를 반복하지 않으리라. 다만 내가 그때

정유라 씨 집을 마주한 JTBC 기자였다면 어떤 선택을 했을까. 여전히 답을 쉽게 내리긴 어렵다.

인간적으로

앞서도 언급했지만, 기자도 사람이다. 기사를 쓸 때 인간적인 감정은 뒤로 물리는 것이 좋지만, 쉽지 않을 때가 종종 있다.

2018년 고용노동부에 출입할 때의 일이다. 그해 4월, 당시 노동 현안은 노동부와 삼성의 갈등이었다. 사건의 시작은 2014년 10월로 거슬러 올라간다. 삼성전자 반도체 직업병 피해 유족과 '반올림'이 노동부에 '삼성반도체 온양공장 작업환경측정결과보고서 정보공개 청구'를 했다. '작업환경측정결과보고서'는 노동자들이 일하는 작업장에서 건강에 유해할 수 있는 물질의 농도가 어떤지, 건강장해가 생길 수 있는지 등을 평가하는 보고서로 노동부 소관 업무였다.

당시 노동부는 보고서에 대해 전부 비공개 결정을 내렸다. 곧 유족 측의 소송이 제기됐다. 2017년 대전지법은 노동부 손을 들어줬으나 2018년 대전고법은 '개인정보에 해당하는 부분만 제외하고 보고서를 모두 공개하라'며 유족들의 손을 들어 줬다. 이에 노동부는 '안전보건자료 정보공개청구 처리지침'을 개정했다. 산업재해 신청자뿐만 아니라 제삼자도 정보공개 청구를 통해 자료를 볼 수 있도록 한 것이다.

그러자 이번엔 삼성이 '영업기밀 유출'이라고 반발했다. 생산라인 배치도와 공정에 사용되는 화학제품 내역 등이 담겨 있어 주요 반도체 제품 생산과 관련한 영업기밀이라는 주장이다. 삼성은 행정소송과 행정심판을 제기했고 '공개 정지'를 일단 이끌어 냈다. 또 산업통상자원부에 작업환경보고서 내용이 '국가핵심 기술'로 볼 수 있는지 판단해 달라고 요구했다.

산업부 반도체전문위원회는 해당 보고서가 핵심기술이라고 판단했다. 당시 산업부 국장은 "보고서에 많은 정보들이 비교적 상세하게 들어가 있었다"며 "전문가는 자료가 혹시 중국 같은 경쟁업체에 들어갔다면 이는 '곧 드십시오'라는 꼴이라고 표현하면서 보고서의 중요성을 강조했다"고 밝혔다. 정부 부처가 삼성 손을 들어 주자 노동부는 곤란한 상태에 놓였다.

당시 작업환경측정결과보고서 담당 노동부 실무자와 나는 각별한 사이였다. 노동부에 처음 출입할 때부터 그의 열정이 좋았다. 산업안전 업무 쪽으론 잔뼈가 굵은 전문가였다. 횟집에서 소주잔을 기울이며 산업재해 사고나 노동자 산재 인정 등을 화제로 삼아 이야기를 나누곤 했다.

하지만 당시 산업부와 노동부의 의견 대립은 기삿거리였다. 특히 노동부 결정의 허점이 눈에 들어왔다. 정보공개 측면에서 유족뿐만 아니라 제삼자까지 공개를 허용해 기밀을 지키는 데 다소 허술한 점, 대법원 판결이 아니라 고등법원 판결인데도 섣불리 지침을 개정해 혼란을 준 점 등이 도마 위에 올랐다. 관련 내용을 담아 기사를 작성했다. 제목은 『책상에 앉아' 삼성보고서 공개… 고용부 헛발질 도마』(박정환·김혜지, 『뉴스1』, 2018.04.18.)였다.

해당 기사의 리드를 잠시 소개해 본다.

삼성의 작업환경측정보고서 공개를 강행한 고용노동부의 미숙한 행정이 도마에 올랐다. 국가 경제에 큰 영향을 미치고 정부 내에서도 의견이 엇갈리는 민감한 문제를 경솔하게 다뤘다는 비판이다.

산업재해 노동자를 보호한다는 하나의 원칙에 집착하느라 균형감을 잃었고, 산업기밀에 대한 전문적 식견도 부족한 것으로 드러나 중앙 부처로서 권위를 스스로 떨어뜨린 것으로 평가된다.

언론계 은어로 '조진'(강하게 비판한) 것이다. 이후로 해당 노동부 실무자는 한동안 연락이 닿지 않았다. 물론 바빠서이기 때문이리라. 하지만 담당 국장의 전화 목소리까지 말 그대로 '싸했다'. 시간이 흘러 이슈는 잠잠해지고 실무자와 오랜만에 소주 한잔을 기울였다. 취기가 오른 실무자가 비로소 속 얘기를 털어놨다.

"박 기자님, 그때 다른 건 다 참았는데, 제목에서 정말 뼈아프더라고요. 솔직히 화났어요. '책상에 앉아'라니요. 그런 식으로 일하지 않았습니다. 작업환경측정보고서요? 그거 공개해도 돼요. 솔직히 국가기밀과 관계가 없다니까요. 제 생각은 그래요. 삼성이 조직적으로 움직였다고밖에 볼 수 없어요."

물론 행정을 하는 데 무리하거나 허술한 지점은 있을 수 있다. 하지만 그의 얘기가 마음속 깊은 곳을 때렸다. 비판을 하더라도 조금 더 균형 있게 했더라면. 정말 그 보고서가 국가기밀에 해당하긴 했을까. 산업부의 판단은 맞았는가. 삼성의 전방위적 대응 속셈은 무엇이었나. 좀 더 입체적으로 접근했더라면. 실무자에게 미안함과 부끄러운 마음이 들어 괜스레 애꿎은 소주잔만 연신 들이켰다.

펜 끝이 휘두르는 칼날은 그만큼 매섭다. 신중해야 한다는 점을 늘 되새기곤 한다. 하지만 잘못된 부분이 있다면 마치 쾌도난마처럼 펜대를 잡아야 하는 일도 있다. 그만큼 강직함과 판단력이 중요한 부분이다. 다만 늘 마음이 흔들리는 약한 고리가 있다.

"저도 가족이 있어요"

기자를 하다 보면 직원 비위를 취재할 때가 종종 있다. 경찰 기자라면 경찰 비위를 취재하는 식이다. 어느 날, 한 간부급 경찰이 서장 시절 승진 대상자에게 룸살롱 등 향응을 제공받았다는 의혹을 포착했다. 서장실로 '티켓다방'을 불렀다는 의혹도 함께였다. 여러 사실을 확인한 뒤 당사자 해명을 듣기 위해 직접 전화를 걸었다.

"저기 CBS 박정환 기자인데요, 여쭤볼 게 있어서요."

"아, 박 기자님? 그게 말이죠"

사실 조금 놀랐다. 일면식도 없는 나에게 당시 상황을 자세하게 얘기하는 게 아닌가. 통상 취재 과정에선 쉽게 볼 수 없는 일이기도 하다. 설명의 요지는 '술 먹은 사실은 있다', '인사에서 불이익을 당한 사람이 찌른 것이다', '나는 다 소명이 됐다', '절대 그런 일은 없다' 등이었다.

곧바로 추가 확인 취재를 마친 뒤 기사를 준비했다. 기사가 마무리되어 가고 있을 즈음, 갑자기 해당 경찰로부터 전화가 왔다.

"혹시 『○○일보』, 박 기자님 아니세요?"

"아뇨. 전, CBS인데요."

"헉, 저는 제가 잘 아는 그 기자님인 줄 알고, 아이고야 다 말해 버렸네요.”

“아, 그렇군요. 어쩔 수 없죠. 해명하신 그대로 기사는 나갈 겁니다.”

“절대 안 돼요. 제발요.”

갑자기 언성이 높아졌다.

“저도 가족이 있습니다. 이제까지 이뤄 놓은 거 다 망가집니다. 제발 한 번만 봐주십시오.”

그는 집요했다. 해명을 충실히 실어 준다는 설명에도 아랑곳없었다. 끝까지 자신은 억울하다며 기사가 나가면 법적 대응을 하겠다고 엄포까지 놨다. 사실 소송은 그렇게 신경 쓰이지 않았다. 다만 가족 얘기가 나오자 잠깐 멈칫한 건 사실이다.

“어찌 됐건 기삿거리가 있으면 써야 하는 게 제 일이니까요. 사실을 확인한 순간 안 쓸 수는 없고요.”

“다시 한 번 재고를 부탁드립니다.”

결국 기사는 나갔다. 기사를 보며 다시 마음이 착잡해졌다. 스스로 거듭 강조했던 대로, 차라리 무죄를 입증하면 좋겠다는 생각이 들었다. 그런데 곧바로 그가 향응을 받은 사실이 인정됐다. 징계위원회는 중징계인 해임을 결정했다. 착잡함이 한층 더해졌다.

'야마'라는 틀

기사는 어떻게 보면 사건과 의혹의 '플롯'이다. 인물, 사건, 배경이 기사의 스토리를 구성한다. 거기에 기사를 관통하는 '핵심'이 담긴다. 흔한 기자용어로 '야마'다. '산(山)'을 의미하는 일본어다. 기사의 주제 의식, 논조 등을 포괄하는 개념이다. 예를 들어 A가 B를 찔러 살해했다고 치자. 간단한 '야마'라면 사건의 개요, 일어난 원인 등을 짚을 것이다. 그런데 피해자가 사채업자이고 피의자를 지속적으로 괴롭혀 왔다면? 무시무시한 사채업과 참혹한 비극으로 '야마'가 맞춰질 것이다. 여기에 더해 A가 기초생활수급자에다 생활고를 견디지 못해 사건을 저질렀다면? 게다가 B 역시 생활고에 떠밀려 온 생계형 사채업자라면? '야마'는 또 달라진다.

기자가 된 뒤 '야마'를 잡는 훈련은 늘 따라붙는다. "그래서 '야마'가 뭐야?" 연차를 떠나 어제도 듣고, 오늘도 듣고, 내일도 듣는 질문이다.

출입처 중 '야마'를 잡기 가장 어려운 곳은 정치부였다. 정치인의 말 속에 숨은 맥락과 전체 판을 이해해야 하나의 '야마'가 잡혔다. 대표적인 예시로는 '보수통합' 협상을 들 수 있다. 2020년 4월 치러지는 21대 총선을 앞두고 범보수 진영에서는 승리를 위한 통합이 화두였다. 황교안 대표가 이끄는 자유한국당과 바른미래당 유승민 전 대표 사이 통합을 두고 샅바 싸움이 벌어졌다.

바른미래당 탈당을 앞두고 유승민 전 대표는 언론 인터뷰에서 한국당과의 통합 선결조건으로 '△탄핵의 강을 건너자 △개혁보수로 나갈 것 △새로운 집을 짓자'를 제시했다. 이른바 '조건부 통합론'이다.

그다음 날 한국당 황교안 대표는 긴급 기자간담회를 열어 "내년 총선 승리를 위해 자유우파 대통합이 반드시 필요하다"며 "자유우파의 모든 뜻있는 분들과 함께(통합의) 구체적 논의를 위한 통합협의기구 구성을 제안한다"고 밝혔다.

얼핏 보면 유 전 대표의 제안에 황 대표가 화답한 듯 보인다. 하지만 여기서 '유의 제안, 황의 화답······ 통합 속도'라고 기사를 쓰면 선배의 불호령이 떨어지기 마련이다. 양측 간 통합론을 자세히 살펴봐야 제대로 된 '야마'가 나오기 때문이다.

유 전 대표의 경우 탄핵을 역사로 인정하고 개혁보수를 기치로 하는 새 집을 짓자며, 한국당의 기득권을 내려놓고 새 판을 짜는 형식의 통합을 내걸었다. 하지만 황 대표는 통합에 화답한 듯했지만 한국당을 중심으로 개혁보수 세력뿐만 아니라 강성 친박 세력인 우리공화당까지 포괄하는 '큰 집형' 통합을 역제안한 셈이다.

통합을 둘러싼 양측 간 기 싸움의 서막이 올랐다고도 볼 수 있었다. 여기에 더해 통합론에 대한 각 당의 속내도 새로운 '야마'다. 유 전 대표의 통합론에 친박계를 중심으로 한 한국당 내 반발이 만만치 않을 수 있기 때문이다.

　　최근 현안을 비춰 보면 윤석열 대통령 당선인이 초대 국무총리 후보자로 지목한 한덕수 후보자의 경우를 볼 수 있다. 한 후보자는 김대중 정부 때 외교통상부 통상교섭본부장과 청와대 경제수석으로 일했고, 노무현 정부에선 경제부총리 겸 재정경제부 장관을 지냈다. 잔뼈 굵은 경제관료 출신이라는 점에서 윤 당선인이 '경제' 및 '관리형' 총리에 무게를 둔 게 아니냐는 분석이 일반적이다. 하지만 좀 더 예리하게 살펴보면 민주당이 여당 시절 일한 관료라는 점에서 '청문회 무사 통과용'이 아니냐는 시각도 공존한다. 둘 중에 어느 '야마'를 잡느냐에 따라 기사 역시 새롭게 달라진다.

　　'야마'를 정하고 나면 기사에는 이를 뒷받침하는 각종 살이 붙는다. 문제는 여기서 발생할 수 있다. '야마'에 맞는 팩트만 '취사선택'하는 일이 생길 수 있다는 것이다. 즉 '야마'에 맞는 팩트는 붙이고, 그렇지 않은 팩트는 버리게 된다. '야마'를 뾰족이 다듬을수록, 비판 수위를 높일수록 이러한 부작용이 벌어질 가능성이 크다. '야마'에 맞는 내용이면 옳고, 아니면 그르다는 판단은 복잡다단한 현실을 기사에 담는 데 한계가 있을 수밖에 없다. 언론이 어떤 사안에 대해 'O' 혹은 'X'가 쓰인 깃발만 들어 편향적이라는 비판이 뒤따라오는 이유다.

"이런 일이 있으니까, 한번 취재해 봐." 특히 상급자가 지시한 기사 아이템을 얼마나 빠른 속도로 완성도 높게 기사로 만들어 내는지가 기자 역량을 가늠하는 하나의 기준이 되곤 한다. 언론 환경은 너무나 경쟁적이고, 사회도 시시각각 바뀌기 때문에 중층적인 현실을 차분하게 짚는 데는 한계가 있다. 날카로운 '야마'를 통해 훅 찌르고 가는 보도가 여전히 높게 평가되는 이유다.

경찰팀 부팀장(바이스)으로 재직하는 현재, 어느덧 나도 직속 후배들이 5명에 이르는 중견 아닌 중견이 되어 버렸다. 후배들의 발제와 기사를 보면서 어느새 나도 '대체 '야마'가 뭐지'라는 생각에 빠지곤 한다. 한편으로는 발제를 시키면서 '야마'를 미리 정해준 뒤 취재를 지시하기도 한다. 전문가 취재 역시 '야마'에 맞는 발언을 해 줄 만한 사람들을 구하라는 식이다. 가장 '간편한' 취재 방식이라고 볼 수 있다.

이런 내 모습이 과연 바람직한 모습일까. 언제 한 번 '야마'에 집착하는 기자들을 '야마'로 한 기사를 누군가 써 보면 어떨까 싶다. '야마'의 장점과 폐해가 얼마만큼 극명하게 드러날 수 있을까. 그 '야마'는 기자들의 '야마'의 장점을 부각시킬까, 단점을 부각시킬까.

거대한 '적', 언론의 편리성

"장이 섰다."

어떤 이슈가 흥행했을 때 언론계에서 흔히 쓰는 표현이다. 흔히 한 매체의 특종보도로 인해 사건이 커지거나, 특정 주요한 사안이 발생해 여러 문제점과 팩트가 쏟아져 나올 때 일어나곤 한다. 세월호 참사가 대표적인 케이스다. 최근 벌어진 사안으로는 정의기억연대 횡령 사태를 들 수 있다.

언론의 의혹 제기는 마치 '스노우볼'을 방불케 할 때도 있다. 한 언론에서 의혹을 제기하면 여기에 더해 다른 언론에서 또 다른 의혹을 제기한다. 또 다른 언론은 제기된 의혹들을 묶어 그 사이에 숨은 1인치를 찾는다. 주거니 받거니 하며 의혹은 계속 눈덩이처럼 불어난다. 트래픽을 유도하는 수많은 인터넷 언론의 '받아쓰기'도 이슈의 흥행화에 일조하는 경향이 있다.

이슈가 흥행하면 문제가 된 사안을 구석구석까지 밝히는 효과가 있다. 여론의 관심이 쏟아진다면 사회적 의제로 자리 잡을 수도 있다. 사회 구조를 바꿀 수도 있는 힘이 나올 수 있는 셈이다. 하지만 부작용도 만만치 않다. 스노우볼을 굴리는 과정에서 공익성을 잃게 된다면 말이다.

세월호 참사에 이은 세월호 실소유주인 유병언 일가에 대한 보도가 대표적인 예이다. 행방이 묘연한 유병언 추적 보도는 그에 대한 각종 가십으로 옮겨 갔다. 유병언이 입은 속옷이 명품이었다는 보도부터 유병언의 아들인 유대균 씨와 '호위무사'로 표현된 박수경 씨의 연인 관계설까지. '유대균 씨가 도피 중 뼈 없는 치킨을 주문했다'는 보도는 두고두고 회자되었다.

물론 나 역시도 그 책임에서 자유로울 수 없다. 유병언이 발차기하는 모습, 구원파가 단체로 무술 시범을 보이는 모습이 담긴 동영상을 입수해 단독으로 보도한 적이 있다. 유병언이 실제로 저렇게 건강해 도피에 능하고, 수많은 신도들이 호위무사로서 무술을 연마한 게 아니냐는 의혹 제기였다. 사실 이 자체는 공익에 별 도움이 안 되는 가십성 보도였다는 생각이 든다.

가십성 보도의 청구서는 이슈가 모두 꺼진 뒤 날아왔다. 구원파 및 유병언 유족 측은 명예훼손을 주장하며 200여 개 매체를 대상으로 정정보도 1만1564건, 손해배상청구 4934건을 접수했다. 나 역시 정정보도 피신청자가 됐다. 유병언과 관련한 모든 보도에는 지금도 다수 매체에 정정 및 반론보도가 붙어 있다. 불명예스러운 딱지가 붙은 셈이다.

비단 유병언뿐만 아니라 세월호 참사 관련해서도 언론의 오보는 상당했다. 2014년 언론중재위원회에 청구된 조정건수는 1만9048건으로 2013년 2433건에 비해 1만6615건 늘어났다. 1만9048건 중 세월호 참사 관련 청구건수는 1만6554건으로 전체의 86.9%를 차지했다. 이 같은 대규모 언론조정은 언론중재위원회와 언론사 모두에 사상 초유의 일이었다(정철운, "'구원파 언론중재 '폭탄', 1차 책임은 언론사에 있다", 『미디어오늘』, 2015.04.08.).

물론 언론의 보도가 세월호 참사 진상 조사와 잠적한 유병언 추적이라는 공익적 목적과 여론의 관심을 달성했을 수 있다. 하지만 어떤 이슈가 생기면 뒤도 돌아보지 않고 '경주마'처럼 내달리는 언론의 습성, 인터넷상 빈번한 '베끼기' 보도 관행 등은 꾸준히 문제가 될 수밖에 없다.

인터넷신문위원회가 올해 1월 발표한 '1차 자율규제 심의 결과'에 따르면 『연합뉴스』 기사를 일정 부분 이상 베끼고도 출처를 명시하지 않은 기사가 67건에 달했다. 1월 심의 조치가 이뤄진 전체 기사가 193건인데 이 가운데 3분의 1가량이 '베끼기'를 한 셈이다. 『뉴시스』와 『뉴스1』을 출처 없이 베껴 쓴 기사도 각각 7건과 5건으로 나타났다. 인터넷신문위원회 기사심의분과위는 통신기사의 출처표시 위반 등 조항을 적용해 '주의' 결정을 내리기도 했다.

'조국 사태'에서도 이러한 현상은 반복됐다고 볼 수 있다. 조전 장관 일가를 둘러싼 의혹은 사모펀드, 입시 비리뿐만 아니라 사학재단 웅동학원 채용 비리 의혹, 부인 정경심 씨의 표창장 위조 의혹까지 걷잡을 수 없이 퍼져 나갔지만 별다른 확인 없이 베껴 쓴 보도의 양도 만만치 않았다. 조 전 장관 보도에 대한 팩트 체크를 진행한 JTBC에 따르면 조 전 장관 관련 보도는 2만에서 3만 건으로 추산된다고 보기도 했다.

국회에서 열린 초유의 조 전 장관 기자간담회 이후 기자들을 향한 여론의 각종 비판도 이와 무관치 않다. 기자 이름과 얼굴은 커뮤니티에 박제되고 조롱거리가 됐다. '봉숭아학당식 기자회견'이라는 조롱과 함께 의혹이 해소되기는커녕 오히려 답답해졌다는 반응이 나왔다. 간담회 다음 날 포털사이트에는 '근조(謹弔) 한국언론', '한국 기자 질문 수준' 등의 단어가 실시간 검색어에 올랐다. '천하제일 기레기 대회'라는 말도 따라붙었다. 물론 조 전 장관이 기자들의 숱한 질문에도 부인과 변명으로 일관했다며 분노하는 측도 있었다.

언론은 어떤 길로 가야 할까. 어쩌면 속도와 조회 수에 매몰된 언론의 현 주소를 모두가 인지하면서도 애써 외면하는 것일지도 모르겠다. '시간차 단독'이라는 용어가 생겨날 정도로 기사에 대한 공익성, 가치 판단보다도 '누가 더 1초라도 빨리 쓰는가'의 중요도가 커진 시대다. 이슈가 흥행하고 거대한 '적'이 나타난다면 이러한 현상은 더욱 심화된다. 모두가 정신없이 빠르게 비판 수위를 높일 때, 뒤를 돌아보고 사안을 찬찬히 보는 언론사를 보기는 쉽지 않다. 현장에서 직접 사안을 마주하는 나 역시도 이슈가 터진다면 하루하루 발제에 골몰하고 속도감 있게 취재하는 데 온갖 집중을 기울인다.

질주하는 도중 한 번쯤은 펜대를 내려놓고 책상에 앉아 서로 마주하고 고심하는 시간이 있었으면 좋겠다. 사회는 빠르게 돌아가지만 사실 확인과 공익성 검증은 꼭 필요하고, 또 거기에는 충분한 숙고가 따라야 한다. 데스크가 결단을 내려 준다면, 현장 기자들이 사안을 다각도로 보는 시각도 한층 트일 수 있다.

3장
미래의
저널리스트
에게

"기자라는 직업은 어떻게 되는 거죠?"

2007년 겨울. 예상치 못한 질문이 마치 송곳처럼 들어왔다. 군대를 전역한 대학 1학년, 환경생명공학과에서 디지털미디어학과로 옮기기 위해 전과 면접을 볼 때의 일이다. 명지대는 그나마 전과가 자유로운 학교였다. 학점 2.5점 기준만 되면 다른 학과에 지원해 면접을 볼 수 있었다. 면접만 통과하면 바로 합격이다. 하지만 저 질문에 잠시 멈칫하는 순간, 면접 교수 3명의 시선이 일제히 나를 향해 꽂히는 게 느껴졌다.

"아……, 기자가 되려면 말입니다. 입사 시험을 봐야 합니다."

"그러니까 입사 시험이 어떻게 이뤄지느냐고요"

"그…… 그러니까, 음. 언론사마다 다를 거 같은데요. 아직 그것까진 알아보지 못했습니다…… 죄송합니다."

순조롭게 느껴지던 면접은 그대로 어색하게 끝이 났다. 하필 운도 없다. 마지막 질문에서 밑천을 제대로 드러낸 것이다. 억울하고 소외된 사람을 돕는, 선한 영향력을 발휘할 수 있는 기자가 되고 싶다는 나름 거창한 포부는 디테일한 질문 앞에 그대로 무너져 내렸다. 집으로 돌아오는 길에 나도 모르게 머리를 쥐어뜯고 소리를 질렀다. 아마 모르는 사람이 봤다면 분명 미친 사람처럼 봤을 것이다.

"대체 준비를 어떻게 해야 하나요."

시간이 흘러 현직 기자가 됐을 때, 모교에 종종 취업 멘토링을 갔다. 언론사 입사 방법은 무엇인지 각종 상담을 해 주는 역할이었다. 가장 많이 받는 질문은 준비를 어떻게 시작해야 하는지에 대한 것이다. 여러 질문에 막힘없이 얘기하다가도 저 질문이 나오면 나도 모르게 잠시 숨을 고르게 된다.

사실 가장 중요하게 생각할 부분은 기자가 되려는 자신만의 이유다. '왜'를 알면 '어떻게'는 어떻게든 찾게 된다. 그러나 그 이유를 쉽게 찾기 어려울뿐더러, 추상적이고 애매모호할 수도 있다. 나만의 언론관, 철학을 갈고닦기엔 취업 시장이 너무 빠르게 돌아간다. 제대로, 차분하게 생각할 시간조차 대학 졸업을 앞둔 학생과 취업 준비생에겐 사치로 느껴질 수 있다. 어찌 됐건 이력서에 넣을 경력이나 자격, 시험 성적 한 줄이라도 다급한데 언론고시를 준비한다면서 가만히 앉아 책을 읽는 게 너무 비현실적이고, 마치 한량 같지 않은가. 늘 나에게도 고민되는 지점이었다.

일반적인 방식은 기본 스펙부터 깔고 가는 것이다. 누가 정해준 것도 아니지만 토익 등 영어 시험과 한국어능력시험 성적은 언론고시 준비 시험의 양대 축이다. 많은 언론사들이 채용 자격에 두 시험 성적을 명시해서 그런 것일 수도 있다. 두 시험만큼은 미리 준비해 두면 편하다. 토익 점수가 신발 사이즈보다 낮았던 나는 토익을 마치 사법고시 준비하듯이 공부했다. 다른 준비에 앞서 토익 점수부터 만들어 놓은 것이다. 한국어능력시험은 졸업 후 본격적으로 언론고시를 준비하면서 틈틈이 공부하기 시작했다.

나는 늘 모호한 축에 속했다. 토익은 800점, 한국어능력시험은 3플러스 등급을 맞았다. 통상 웬만큼 규모가 큰 언론사에 가기 위해선 토익은 최소 850점 이상, 한국어능력시험은 2플러스 등급 이상이라는 공식이 있었다. 둘 다 점수가 살짝 부족했던 것이다. 그럼에도 시험 점수에 더 매달리진 않았다. 사실 시험 성적은 기본 자격 정도일 뿐, 본격적인 승부는 기자가 되려는 이유, 사회를 보는 시각, 언론관, 철학에 달려 있다고 봤기 때문이다. 이를 위해선 매번 기본으로 언급되는 '다독, 다작, 다상량'이 갖춰져야 했다.

'다독, 다작, 다상량'의 범위는 마치 광활한 바다 같기도 하다. 아무리 헤엄을 쳐도 끝이 보이지 않고 늘 허우적대기 일쑤였다. 그마저도 발버둥 쳐 쌓은 것이 있다면 기자 지망생은 논술과 작문에 쏟아 부어야 한다. 서류 합격을 거쳐 입성한 언론고시의 첫 관문이며 난이도가 상당한 평가 항목이기 때문이다. 현장에서 처음 접한 주제를 보고 약 50분이라는 한정된 시간에 글을 써 내려가야 한다. 글 쓰는 속도도, 생각도, 아이디어도 거북이걸음인 나로서는 눈앞이 깜깜한 시험이었다.

스터디를 하는 이유가 바로 거기에 있다. 혼자 주제를 정하고 타이머를 맞추고 글을 쓰는 일은 외롭고 고단하며 쉽게 일탈이 가능하다. 스터디를 하면서 비슷한 상황에 놓인 동지들끼리 글을 함께 써 보며 의지하고 견제하는 것이다. 물론 시간이 다 된 뒤 서로 돌려 보며 강평을 하는 순간에는 쥐구멍에라도 숨고 싶은 심정이다. 하지만 내가 쓴 글에 빨간 펜이 죽죽 그어지는 상황은 공포심을 불러일으키며 매너리즘에 빠진 두뇌에 일종의 각성 효과를 일으키기도 한다.

급기야 언론사 논술과 작문을 전문적으로 가르치는 학원도 있다. '학원에 다녀야 하느냐 말아야 하느냐'라는 물음도 단골 질문 중 하나다. 경제적 여유가 되면 다녀 보는 게 빠른 실력 향상에는 도움이 될 것 같다. 하지만 무리해서 다닐 필요는 없어 보인다. 언론사 논술과 작문에 일부 공식은 있을 수 있지만 정답은 없기 때문이다. 나는 학원은 애초에 포기했다. 솔직히 말해 다닐 돈이 없었다.

결론적으로 말하면 나는 시험 성적도, 논술도, 작문도 보지 않는 언론사에서 첫 기자 생활을 시작했다. 그만큼 실력 자체가 미천했다. 그렇다고 이제까지의 준비 과정이 헛됐다고 볼 수 있을까. 글쎄다. 무엇이라도 시도하려 했던 그 과정에서 나도 모르는 내면의 성장이 있지 않았을까 막연히 기대할 뿐이다. 그때와 같은 사유와 성찰을 또다시 할 기회가 있을까 생각이 든다. 하루하루가 어떻게 지나가는지 모를 정도로 바쁜 나날들이 이어지고 있기 때문이다.

다시 전과 면접이 끝난 당시로 돌아가 본다. 일주일 후 결과 발표의 시간이 왔다. 나도 모르게 무릎을 꿇고 기도를 드렸다. '정말 제 길이라면 붙게 해 주소서!' 실눈을 뜨고 조심스럽게 합격자 이름이 담긴 엑셀 파일을 클릭했다. 조심스럽게 학번을 하나하나 살펴보는 순간, 눈앞이 번쩍였다. '6004XXXX'. 내 학번이 떡하니 자리를 차지하고 있는 것이다. 눈을 한 차례 비비고, 이번엔 기쁨의 탄성을 질렀다.

어쩌면 전과 시도부터가 기자가 되는 '대장정'의 시작점이었는지도 모른다. 다만 현직에 있어 보니 굳이 신문방송학과를 고집하지 않아도 될 일이었다. 다양한 학과 출신의 현직자들이 훨씬 풍부한 이야깃거리와 경험으로 활약하는 경우를 많이 봤다. 결국 나의 모든 스펙은 기자가 되는 데 결정적이지 않았다. 하지만 그 조그만 시도들은 알게 모르게 이 길로 나를 이끌어 줬다. 한곳을 향한 시도가 쌓이면 그만큼 무섭다. 준비 자세부터 취하기보다는 무엇이든 시도해 보기를 권한다. 지금까지도 가까운 지인들이 꾸준히 나에게 하는 말을 들어 보면 힘이 될 수도 있겠다.

"어떻게 네가 지금까지, 기자를…… 말도 안 돼."

왜 기자가 되려고 했는가, 왜 지금도 기자를 하는가

언론고시를 준비할 때, 가끔 너무 고민이 깊을 때는 가만히 누워서 생각했다. '나는 왜 기자가 되어야 하는가.' 선한 영향력을 전파하고 싶다, 억울한 사람을 돕고 싶다 등의 이유가 있었지만 그것만으로는 힘에 부칠 때가 있었다. 기자가 된다면 나 스스로에게 무엇이 좋을까. 단순하게 보면 무엇인가를 계속 배울 수 있는, 활자와 영상에서 나타나는 지식들을 흡수해야 하는 직업이란 점이 좋았다. 하지만 그런 일은 굳이 기자가 아니더라도 할 수 있었다. 또다시 방황하다 문득 니체의 철학을 보고 '바로 이거다'라는 생각이 들게 됐다.

나는 이제 너희들에게 정신의 세 단계 변화에 대해 이야기하련다. 정신이 어떻게 낙타가 되고, 낙타가 사자가 되며, 사자가 마침내 어린아이가 되는가를.

니체의 『차라투스트라는 이렇게 말했다』에는 인간 정신의 세 단계 변화에 대한 내용이 나온다. 첫 번째는 바로 낙타에 비유된다. 삶의 짐, 무거운 것을 견디며 순종, 복종하는 자세다. 두 번째는 사자다. 자신만의 의지, 즉 자유정신을 갖고 기존의 가치를 부정할 수 있는 힘을 갖는다. 마지막 세 번째는 어린아이다. 삶을 놀이로 만들고 규칙을 스스로 만드는 정신이다. 어린아이는 사자를 두려워하지도 않는다. 그리고 이런 내용도 나온다.

어린아이는 순진무구요 망각이며, 새로운 시작, 놀이, 스스로 돌아가는 바퀴이며 최초의 운동이자 거룩한 긍정이다. 그렇다. 형제들이여, 창조의 놀이를 위해서는 거룩한 긍정이 필요하다. 정신은 이제 자신의 의지를 바라며, 세계를 잃은 자는 자신의 세계를 획득한다.

나는 기자라는 직업이 가장 어린아이 같다는 생각이 든다. 어린아이의 거짓 없이 순수한 눈과 마음가짐으로 세상을 바라보고 뛰어드는 것. 어린아이는 끊임없이 질문을 멈추지 않는다. '사자'라는 일종의 성역도 두려워하지 않는다. 힘들 때마다 늘 니체의 철학을 꺼내 들면서 어린아이 같은 기자가 되어야겠다고 생각했다. 물론 지금의 내가 그 마음을 여전히 간직하고 있는지는 가끔 헷갈리지만 말이다.

기자 지망생 때 간절하고 배고픈 시절과 비교하면 지금은 배에 기름이 가득 꼈다고 봐도 무방하다. 실제로 뱃살은 나날이 늘고 있다. 가끔 일이 벅찰 때는 암만 봐도 직업을 잘못 선택한 게 아니냐는 생각이 들기도 한다. 그럼에도 나를 붙들어 주는 건 기자 지망생 시절의 초심이다. 아울러 그때의 잊지 못할 강렬한 경험들과 결심들이 내게 물어보곤 한다. 그 결심을 다 달성했느냐고, 제대로

살고 있느냐고

기자를 준비하는 순간 세상은 한층 달라 보이게 마련이다. 지망생 시절 나는 크게 두 가지 경험을 통해 기자의 역할을 다시 한 번 생각하게 됐다.

장면 1. 대학교 4학년 1학기를 마치고 휴학 후 독서실 총무로 일하던 시절, 여름 한가운데를 지나던 그날 밤도 어김없이 총무 자리에 앉아 토익 공부에 매진하고 있었다. 배가 고파 잠시 편의점에 들러 컵라면과 삼각김밥을 사서 들어왔다. 먹음직스럽게 익은 컵라면을 두 젓가락 정도 넘겼을 무렵, 갑자기 눈앞이 시뻘게지고 열감이 느껴졌다.

고개를 들어 독서실 입구를 보니 큰불이 활활 타오르고 있었다. 잠시 환각을 보거나 꿈을 꾸고 있나 생각했다. 그런데 아무리 봐도 현실이었다. 곧바로 복도로 뛰어가 소화기를 든 뒤 침착하게 고리를 빼고 분말을 뿌렸다. 잠시 한숨을 돌렸지만 고개를 돌려 보니 복도 사방이 '불바다'였다.

"불이야" 크게 외치고 학생들을 대피시켰다. 입고 있던 옷으로 입을 가리고 소화기를 들어 곳곳의 불을 껐다. 독서실 맨 끝 방에 다다르자 학생들이 창고 방에 몰려 들어가 '살려 달라'고 외치고 있었다. 창고 방문을 열어 학생들을 대피시켰다. 창고 방 창문에 있는 모기장은 이미 뜯겨 있었다. 혹시 모를 상황에 뛰어내리려고 했던 것이다. 독서실 높이는 무려 6층이었다.

학생들을 대피시키는 동안 소방관들이 현장에 도착했다. 다행히도 독서실 자재는 소방법을 준수해 방염 재질로 이뤄져 불이 크게 옮겨 붙진 않았다. 건물 밖으로 나가자 학생들의 기침 소리가 사방에 울려 퍼지고 있었다. 나 역시 연기를 하도 먹어 숨이 턱 막혔다. 얼굴은 새카매졌다. 몇몇 학생들이 연기를 많이 마셔 병원으로 갔지만, 다행히 큰 인명 피해는 없었다.

"괜찮니? 대체 어떻게 된 거야?"

독서실 사장님이 부리나케 달려왔다. 자초지종을 들은 사장님은 "정말 그나마 다행이다. 소방법을 잘 지켜서……"라며 가슴을 쓸어내렸다. 독서실을 둘러본 사장님은 망연자실한 듯 셔터 문을 내리고 "저녁이나 먹자"며 축 처진 어깨로 나를 이끌었다. 삼겹살집에 도착하자 하늘에선 비가 추적추적 내렸다.

"연기를 마셨으니 삼겹살 먹으면 좀 나을 거야."

잘 구워진 삼겹살을 집은 손이 미세하게 떨렸다. 지금 이 상황이 지극히 비현실적으로 느껴졌다. 집으로 돌아와서 씻고 누웠지만 콧속에는 여전히 탄내가 느껴졌다. 눈을 감자 불길이 또다시 치솟았다.

다음 날 아침, 화재 원인을 조사하기 위해 독서실에 형사들이 출동했다. 모두가 숨을 죽이고 CCTV를 찬찬히 돌려 봤다. 놀랍게도 방화범은 며칠 전 독서실에 등록했던 한 남학생이었다. 학생은 기름통을 들고 몰래 방안과 복도 곳곳에 기름을 뿌린 뒤 라이터로 불을 지르고 현장을 빠져나갔다. CCTV상에는 내가 소화기를 들고 방 곳곳을 다니며 불을 끄는 모습도 찍혀 있어 나는 피의선상에서 빠져나갔다. 잠시 의심하던 형사의 눈빛이 걷혔다.

방화를 벌인 학생의 인적 사항을 파악한 뒤 형사들은 떠났다. 얼마 지나지 않아 학생이 붙잡혔다는 소식이 들렸다. 학교를 자퇴했다는 그 학생의 독서실 책상 서랍에는 만화책과 라이터밖에 놓여 있지 않았다. 대체 왜 방화를 저질렀을까. 어쩌면 불을 지를 만큼 지옥 같은 삶을 살았던 것은 아니었을까. 교우 관계나 학업 스트레스가 작용했을까. 마음속에 온갖 의문만 가득했다.

이튿날 기자들이 취재를 위해 독서실을 찾아왔다. 사장님의 지침은 '절대 취재에 응하지 말라'는 것이었다. 취재가 어렵다며 양해를 구했다. 며칠이 지나선 학생의 아버지가 독서실에 찾아왔다. 허름한 복장에 '떡진' 머리, 어눌한 말투의 아버지는 정말 죄송하다며 고개를 숙인 뒤, 탄원서를 써 달라고 간절히 부탁했다. 방화로 인해 자칫 누군가는 생명을 잃을 뻔한 사건이었다. 하지만 방화 사건이 벌어지기까지의 숨겨진 사연은 나로서는 알 수가 없다. 잠시 고민하다 펜을 들어 서명을 했다.

장면 2. 쾅쾅쾅쾅. 고시원에서 가장 익숙해진 소리는 노크 소리였다. 오전 8시쯤 되면 일수 가방을 든 사채업자가 고시원 출입문 앞에 찾아왔다. 여기 "OOO 씨 살죠?"라고 목소리를 높이면서.

아침에 사채업자가 찾아올 것을 직감한 고시원 입주자는 이른 아침 미리 부탁을 하곤 했다. "방에 없다"고 얘기해 달라고 입주자는 나보다 나이가 10살 가까이 많은, 보험 영업직을 하는 사람이었다. 나는 그의 부탁을 가슴에 새기고 사채업자가 오기만을 기다린다. 출입문 앞에 업자가 당도해서 입주자를 찾으면 "어제부터 안 들어왔다"고 태연히 거짓말을 했다. "진짜냐"고 재차 묻는 사채업자의 질문에도 표정이 흔들리면 안 됐다.

사채업자는 잠시 확인 좀 하겠다며 입주자 방 문 앞에 다가가 '쾅쾅쾅쾅' 노크를 했다. 그 안에 있던 사람은 얼마나 마음을 졸였을까. 사채업자는 굵직한 욕을 한 마디 내뱉고 아무런 성과도 없이 돌아간다. 한바탕 소동을 치르고 나면 약 일주일 동안은 잠잠했다.

　　고시원에 날아온 우편물들을 보면 빚 독촉장이 늘 가득했다. 어느 날에는 비용을 못 내 입주 기간이 끝난 한 입주자가 마지막 날 "하루만 더 재워 줄 수 있느냐"고 사정을 해 왔다. 알았다고 몰래 하루를 더 재웠다. 하지만 가는 날이 장날이라고, 평소 고시원에 잘 들르지 않던 사장님이 그날 밤 고시원에 들이닥쳤다. 입주 기간이 끝났는데도 버티는 입주자를 포착하자 곧바로 질책과 고성을 쏟아부었다. 입주자는 한밤중에 부랴부랴 짐을 싸고 쫓기듯이 고시원을 나섰다.

　　막노동을 하는 사람부터 보험 영업직, 중소기업 회사원, 학생, 취업준비생에 이르기까지 고시원에 사는 입주민들의 사연은 각양각색이었다. 위독한 할아버지가 인근 병원에 입원했다며 고시원에 살면서 간병을 위해 오가는 할머니도 있었다. 공부하던 나에게 고생한다며 항상 먹을 것을 챙겨 주시던 기억이 난다.

　　평범한 학생이 방화범이 되기까지, 평범한 직장인이 사채업자에게 쫓기기까지, 실제 현실은 기사로 접할 때보다 훨씬 생생하고 비극적이었다. 이 사안을 내가 취재해 본다면 어떻게 접근할까, 이런 일들은 대체 어느 사회적 구조에서 벌어지는 것일까. 기자가 된다면 사회 곳곳 현장에서 해야 할 일과 고민해야 할 사안이 그만큼 많아 보였다. 지망생 시절에는 그저 목격만 했다면, 현직에서는 펜을 들어 문제를 파헤칠 수 있는 권한이 생길 테니 말이다.

자신만의 철학

언론고시를 준비할 때 보수 성향, 진보 성향의 신문을 각각 하나씩 봤다. 나름 균형감을 찾기 위해서다. 하나의 사건에 대해서도 언론마다 시각이 다르다. 사안의 이면은 때때로 복잡하기 때문에 모두 동일한 시선으로만 바라보기는 현실적으로 어렵다. 공익성이라는 테두리 안에서 어떤 가치를 강조하느냐에 따라 기사의 주제, 논조 등이 달라지는 셈이다.

각 지망생마다 원하는 언론사가 있을 것이다. 일찌감치 정치 성향에 따라 진보나 보수매체를 특정해서 준비하는 경우도 있다. 나 역시 마찬가지였다. 대학 학보사에 있을 때부터 진보 성향의 매체를 즐겨 보던 나는 지망생이 되어서도 진보 성향의 매체를 좀 더 유심히 봤다. 종종 칼럼과 사설을 필사하거나 공책에 오려 붙이기도 했는데 진보 성향 신문이 조금 더 많았다. 지망하는 곳도 늘 가위로 신문을 조목조목 오리던 그 언론사였다.

하지만 언론고시 준비의 고단함과 괴로움은 한 언론사만 바라보기 어렵게 고집을 꺾는다. 서류와 필기시험을 하나둘 낙방할 때마다 멘탈은 심하게 흔들린다. 내가 원하는 그 언론사는 언제 채용이 뜰지도 알 수가 없다. 결국 눈을 조금씩 돌리다가 급기야는 '어디든 가 보자'라는 결심에 이르게 된다. 끊임없이 순환하는 '지하철 2호선' 같은 노선을 타는 것이다. 타다 보면 돌고 돌아 어디엔가 내리게 된다. 그곳이 언론계 첫발을 떼는 곳이다.

2012년 어느 여름 날 한 종편방송국에서 면접을 보고 오는 길이었다. 운이 좋게도 서류와 필기시험 통과까지 된 터였다. 카메라 테스트와 면접을 마치고 나니 손에는 3만 원이 쥐어졌다. 면접비를 주지 않는 곳도 많은데, 이렇게까지 챙겨 주다니. 몇 끼는 해결할 수 있겠다는 반가움과 동시에 마음 한구석에 왠지 스스로에 대한 실망감이 밀려왔다. 일하고 싶고 합격을 간절히 바라지만, 과거 지망했던 언론사를 뒤로하는 의식을 치러야 할 것 같았다. 곧바로 편의점에 가서 3만 원어치 아이스크림을 샀다. 그리고 덕수궁까지 걸어갔다.

덕수궁 앞에는 2009년 '쌍용자동차 대량 해고 사태' 이후 사망한 노동자를 추모하기 위해 '쌍용차 희생자 추모 분향소'가 설치돼 있었다. 분향소 천막 문을 불쑥 열고 봉지 하나를 내밀었다. 강한 햇볕에 검게 그을린 해고 노동자가 어안이 벙벙한 표정을 지었다.

"아니, 이게 무슨……."

"고생하신다고요. 천막 안에서 더우실 텐데 아이스크림 좀 사 왔습니다."

"아이고야, 감사합니다. 선생님 성함이라도 알려 주시죠."

"아, 저는 그냥 지나가는 시민입니다. 안녕히 계세요!"

집으로 돌아오는 길에 그렇게 마음이 후련할 수가 없었다. 면접을 본 종편방송에서는 얼마 지나지 않아 탈락 통보를 접했다. 그이후로도 정치적인 성향과 관계없이 각종 언론사를 지원했다. 이후 현직 기자가 되어 막상 필드에 올라와 보니 정치적 성향을 특정하고 한 언론사만 고집하는 건 어쩌면 눈 가린 경주마일 수도 있겠다는 생각이 들었다. 현장에서는 어떤 회사를 다니느냐가 중요하다기보다는 기자 개인의 역량을 중시하는 게 일반적이다. 한 회사 내에서도 기자들 성향 간의 다양한 스펙트럼이 존재한다. 언론사 간판보다 결국 스스로의 언론관과 철학이 더 중요한 셈이다.

지망생 시절이 그만큼 중요하다. 현장은 말 그대로 '전쟁터'이기 때문이다. 언론사 입사를 준비하면서 읽었던 독서량의 10분의 1도 지금은 읽기가 어렵다. 늘 사건에 파묻히고 취재에 쫓기다 보면 사안 너머에 대한 고민을 하기는 정말 어렵다.

무엇보다 매일 반복되는 발제와 마감은 머릿속을 더 복잡하게 만든다. 당장 내일 아침에 나갈 기사를 마감하고 나면 에너지가 순식간에 다 빠진다. 보상 심리가 생겨 '내일은 쉬어야지' 혹은 '충전 좀 해야지'라는 생각을 한다. 조금 쉬면서 하루를 보내면 다음 날은 또 다른 발제를 해야 한다. 그러다 보면 일주일, 한 달, 일 년이 훌쩍 가 버리곤 한다.

현장에 와서도 흔들리지 않을 나만의 저널리즘 원칙이 지망생 때부터 있으면 좋겠다는 생각이 든다. 물론 지망생은 현장을 겪어 보지 않았다는 한계가 있다. 하지만 그때 세운 초심이 언젠가 기자가 되어 맞닥뜨릴 위기를 극복할 수 있는 힘이 될 것이다.

발제를 위해 머리를 쥐어뜯다

앞서도 언급했던 나름대로 세웠던 자신만의 저널리즘 원칙은 현장에서 쉽게 흔들리기 마련이다. 가장 큰 변수는 '발제'와 '속도'다. 우선 입사한 첫날부터 발제 압박에 시달릴 것이다. 막상 발제를 짜내려다 보면 우리 사회가 이처럼 평화롭고, 안전하고, 체계적이며, 아름다웠나 싶다. 그만큼 문제점이 쉽게 눈에 띄지 않는 것이다. 개인적 차원의 고민거리 역시 발제로 쓰기에는 역부족이다.

부끄럽지만 입사 후 첫 아이템 발제를 공개해 본다.

¶ 사회 기획안

1. 내 꿈을 내가 조종하는 것이 가능하다고?
유행처럼 번지는 '루시드 드림'의 실체

- 루시드 드림(자각몽)은 수면자 스스로 꿈을 꾸고 있다는 사실을
  자각한 채로 꿈을 꾸는 현상.

- 최근 인터넷을 중심으로 루시드 드림의 방법, 후기 등이
  유행처럼 번지고 있음. 인터넷 카페 회원은 3만 명에 달함.

- 루시드 드림에 몰두하다 실패할 경우 만성피로부터 심하면
  정신분열 등의 부작용을 겪는다는 주장도 있음. 전문적으로
  확인된 얘기는 아님.

- 루시드 드림이 과학적인 현상인지, 망상 혹은 헛소문일 뿐인지
  실체 취재.

⟨박스⟩ 상품으로도 나온 '자각몽 안대' 효과 있나?

2. 조롱, 폐지 압박⋯⋯ 위험수위 다다른 여성가족부
곱지 않은 여론, 여성부 살아남을까?

- 최근 여성부 폐지 서명운동이 한창 진행 중. 발의 3주 만에
  18,000여 명 서명. 그 밖에 여성부 폐지 위원회, 인터넷 카페 등
  활성화.
- 여성부 폐지 여론이 들끓는 이유는 지나친 페미니즘적 정책을
  남발했다는 것. 하지만 '조리퐁을 성기에 빗대 판매금지를
  요청했다'는 등의 확인되지 않은 루머도 있음.
- 여성부를 보는 여론의 시선. 이런 여론을 여성부가 어떻게
  인식하는지 심층 취재.
〈박스〉 여성부 폐지 운동의 선두주자, 남성연대는 무엇?

3. 낮에는 공무원, 밤에는 접대부?
OO시 여 공무원들, 성희롱 시달린 사연

- 최근 'OO여성의 전화'가 안양시 여 공무원을 대상으로 조사한
  결과 660명 중 127명이 성희롱당한 경험 있다고 함.
- 성희롱 유형 중에는 블루스 춤이나 외설적인 사진 보기
  강요부터 직접적인 성관계를 요구하는 경우도
- 하지만 대부분은 점잖은 신분 탓으로 참는 경우 많아. 가해자가

처벌 받는 경우 거의 없음.

- 여 공무원들이 말하는 성희롱 사례, 뒷얘기들 심층취재.

4. 수능 거부 외쳤던 이들, 어디서 무얼 하나

'투명가방끈들의 모임' 1년 후

- 2011년 수능 당일 '대학입시 거부로 세상을 바꾸는

  투명가방끈들의 모임' 활동가들은 기자회견을 열고 수능을

  거부한다고 밝혀 화제.

- 올해 수능 날에도 이들이 활동을 개시할지 여부 관심 집중.

  하지만 구체적인 계획은 아직 미정.

- 대학을 거부하고 '활동'을 택했던 이들의 그동안의 스토리 취재.

〈박스〉 수능 거부하는 목소리 또 어디 있나? 청소년인권연대,

       아수나로 등.

5. 대림동 A 병원이 '공포 병원' 된 이유는?

집단 희귀 관절염 벌어진 이야기

- 최근 영등포구 대림동 A 병원에서 치료받은 환자들이 집단

  희귀관절염 발병, 집단 소송할 예정.

- 이유는 세균 오염된 주사, 약품 오용 등 다양. 무엇보다 면허가

없는 간호조무사가 치료를 맡았다는 의혹이 큼. 하지만 해당

간호조무사는 환자들 부작용이 일자 자살.

- 간호조무사가 어떤 치료를 맡았는지, 사건 발생 상황과 자살

경위 풀 스토리.

〈박스〉 간호조무사, 어디까지 치료 가능한가.

그때야 밤잠을 못 자며 머리를 싸매고 아이템을 짰겠지만, 지금 보면 조금씩 뭔가 핀트가 어긋나거나 '약하다'는 느낌을 지울 수 없다. 결국 위 아이템 모두는 장렬하게 '킬' 됐다. 이 경우 새롭게 뭔가를 또 찾아내야 한다.

하나의 아이템을 고민하고 짜내기까지, 불행히도 우리 언론 환경은 우리를 느긋하게 기다려 주진 않는다. 오히려 그 와중에 굵직한 사건이 터지면 발제 고민에서 조금 벗어날 수 있는 측면도 있다. 이른바 '장'이 섰을 때. 모든 언론들은 이슈 취재를 위해 내달린다. 이럴 땐 어떤 자잘한 부스러기라도 기삿거리가 되곤 한다. 가장 좋은 건 이슈를 선도하는 것이다. 하지만 그런 일은 쉽게 일어나지 않는다.

반대로 한동안 이렇다 할 현안이나 사건, 이슈가 없는 '비수기' 일 때는 발제 고민이 하늘을 찌른다. 오히려 이때는 기자 개인의 역

량이 더욱 돋보일 수 있는 시기다. 물밑에서 움직여 단독을 발굴해 내거나, 기획성 기사로 승부를 볼 수도 있다.

나에게 아이템은 마치 밀물과 썰물과도 같았다. 많이 들어올 땐 한없이 밀려들어 온다. 없을 땐 정말 '죽었다 깨어나도' 없었다. 그럴 땐 맨땅에 헤딩하듯 출입처를 돌곤 했다. 그렇게 애를 써 봐도 아이템이 나오지 않는다면 현안에 대한 각종 시각을 조합해 아이템을 만드는 경우도 있다. 데일리를 위주로 하는 언론 매체라면 팀에서 기사 하나 정도는 매일 생산해 내야 하기 때문이다(물론 언론사마다 상황은 다를 수 있다). 이러다 보면 가끔 부작용도 발생하기 마련이다. 선후 관계가 바뀔 수도 있는 것이다. '문제가 있어서 쓰는 게' 아니라, '써서 문제를 만드는' 혹은 '논란을 일으키는' 방식이다.

의혹, 논란, 파장 등 언론이 즐겨 쓰는 용어들이다. 가끔은 이 단어들 속에 손쉽게 숨어 문제나 갈등을 부추긴 건 아닌지 스스로 돌아보게 된다. 아이템이 없다는 이유로 급하게, 설익은 상태로 쓴 기사들이 머릿속에 아른거린다. 충분한 사전 취재, 팩트 체크, 재차 검증까지 할 수 있는 여건은 현재 언론 시장에서는 어려운 것일까. 무엇이 바뀌어야 할 것인가. 언론사 간의 '신사협정'이라도 맺어야 하는 것인가.

사회부·경제부·정치부 기자의 흔한 일과

각 출입처마다 기자의 일과는 조금씩 달라지게 마련이다. 첫 직장이었던 주간지 시절, 사회부에 있을 때는 월요일 오전 9시까지 회사로 출근해 아이템 4~5개 정도를 짜 온 뒤 아침 회의를 했다. 회의 후 통과된 아이템에 대해선 어느 정도 사전 취재에 들어간다. 월요일은 보통 대략적으로 기사가 될 만한지 알아보는 정도의 취재를 하기 때문에 가장 여유가 있다.

화요일 오전에는 데스크 회의가 있다. 통과된 아이템은 배분을 하는데, 보통 한 기자당 2개 정도의 아이템을 맡는다. 본격적으로 취재에 착수한다. 화요일은 취재 밑그림을 좀 더 탄탄히 하고 수요일은 조금 더 발전시킨다. 목요일 오전에는 또다시 회의를 연다. 아이템 취재 진행 상황이 어떻게 되는지 점검해 보고, 혹시나 기사가 펑크 날 것에 대비해 여분의 아이템을 준비해서 논의했다.

목요일부터는 슬슬 기사 쓰기에 착수해야 한다. 하지만 목요일까지 취재를 계속하는 경우도 많다. 그리고 대망의 금요일, 마감을 향해 질주한다. 최소 금요일 오후 1~2시까지는 기사를 올려야 편집 등을 거치고 마감을 수월하게 할 수 있다. 기사 매수는 보통 200자 원고지 기준 15매에서 30매 정도다. 이렇게 월요일부터 금요일까지 취재와 취재원 약속과 마감 등을 병행한다. 이러다 보니 일주일 단위로 업무 사이클이 맞춰진다.

경제부 기자는 정부 부처의 업무 사이클을 따라가게 마련이다. 예·결산을 감안하면 1년 단위로 부처의 루틴이 있다. 통신사 기자로 일하던 시절, 세종으로 파견 가 고용노동부, 환경부, 기획재정부 등을 출입했다. 오전 8시쯤 출근해 당일 조간신문과 인터넷 기사 등을 훑는다. 출입처발 기사가 있는지 확인하는 것이다. 그리고 모니터와 발제 아이템, 일정 등을 담아 오전 8시 30분쯤까지 보고를 작성하고 팀 '단톡방'에 공유한다.

주간지와 다른 점은 출입처다. 출입처가 딱히 마련되지 않은 주간지의 경우, 회사로 출근해 근무하다 자유롭게 취재를 나가는 시스템이다. 반면 출입처가 있는 매체는 담당 출입처로 출근해 하루 일과를 보내게 된다.

앞서 언급했듯 부처는 1년 단위의 일정들이 죽 있다. 고용노동부의 경우 7월에는 최저임금 결정 논의가, 10월에는 국정감사가 있는 식이다. 가끔 장관 후보자가 새로 지명될 때면 청문회에 대비해야 한다. 1년 일정을 일주일 단위로 쪼개면 각 과마다 또다시 세부 일정이 있고, 그중에 기사로 쓸 만한 일정이나 자료들이 있다. 그 때문에 부처에는 보도자료가 늘 넘쳐난다. 통신사 기자는 타 매

체와 기사 제휴를 맺고, 속보와 스트레이트를 제공하는 게 생명이
므로 자료를 써야 하는 경우가 많다.

오전에는 가쁘게 엠바고(보도시점)가 걸린 자료들을 시간에
맞춰 처리해야 한다. 보통 다음 날 조간신문용 엠바고 자료라면 인
터넷 엠바고는 전날 정오로 맞춰진다. 가끔 오전에 굵직한 발표가
있으면 브리핑을 듣고 또다시 기사를 쓴다. 정신없이 바쁜 오전이
지나면 점심시간이 다가온다.

보통 월요일은 기자단이 모여 대변인 등과 함께 식사하러 나
갔다(물론 코로나19 사태 이전의 일이다). 대형 버스를 타고 음식점에
다다르면 우르르 자리를 잡고 점심을 먹는다. 이를 두고 '떼밥'(떼
로 먹는 밥)이라는 용어가 생겼다. '떼밥'에서는 자리를 어디로 잡느
냐가 굉장히 중요하다. 주요 직위에 있는 고위급 공무원이나 실무
공무원 인근에 앉아야 정보거리가 생기기 때문이다. 물론 '떼밥'은
은밀한 대화가 힘들기 때문에 별도의 식사 자리를 선호하는 기자
들도 있었다. 그렇지만 난 '떼밥'이 좋았다. 뭔가 시끌벅적한 분위기
가 재미있을뿐더러, 여러 사람들의 얼굴을 한 번에 익힐 수 있기 때
문이다.

통상 점심시간은 오후 12시부터 오후 1시까지다. 이후에는 잠
시 쉬는 시간을 갖고 석간신문과 인터넷 기사 등을 또다시 살핀 뒤

오후보고를 작성한다. 오후에는 발제한 기사를 쓰거나, 국장이나 과장 방을 두루 찾아가기도 한다. 만약 오전보고에서 기사가 잡혔다면 오후에는 마감에 열중해야 한다. 마감은 보통 오후 5~6시쯤 마무리된다. 일주일에 한 번 마감하는 주간지와 다르게 통신사는 매일 마감하는 일이 종종 있다. 당연히 기사량에도 차이가 있다.

정치부에 속해 있는 방송국 기자의 일과는 또 다르다. 오전 6시 35분, 집 앞에 도착하는 국회행 셔틀버스에 몸을 싣는다. 오전 8시쯤 국회에 도착하면 조간신문과 인터넷 기사 등을 살피고 아이템 발제를 준비한다. 아침 보고는 오전 8시 45분. 그 사이에 팀원들이 출근하면 함께 국회 식당으로 가서 같이 아침 식사를 했다.

오전보고가 끝나면 기사 배당이 이뤄진다. 통상 정당에는 당 대표가 주관하는 최고위원회의, 원내대표가 주관하는 원내대책회의가 번갈아 가며 열리곤 한다. 주요 현안에 대한 발언이 나오기 때문에 오전에는 회의 내용에 집중한다. 회의는 공개 발언이 끝나면 비공개회의로 전환된다. 말진 기자들은 보통 회의장 밖에서 대기한다. 비공개회의가 끝나고 '백브리핑'(back briefing 공식적인 브리핑이 끝난 이후에 비공식적으로 이어지는 브리핑)을 붙어야 하기 때문이다. 당 대표 혹은 원내대표가 나오면 준비한 질문을 하고, 대표들은 즉석에서 답변을 한다.

오전에 회의 기사를 마무리하고 나면 오찬을 간다. 오찬은 '꾸미'[기자들의 연합. 조, 학급, 반 등을 뜻하는 일본어 '組(くみ)'에서 유래한 말]에서 번갈아 가며 잡는 경우가 많다. 국회에는 출입기자만 1,000여 명이 넘고 취재원은 3,000여 명이 넘기 때문에 기자들도 팀을 짜는 게 효과적이다. 내가 커버하지 못하는 부분을 같은 '꾸미'원들이 커버해 주고 함께 공유하기 때문이다. '꾸미'는 보통 8~10개 매체의 기자들로 이뤄지는데, 좋은 '꾸미'는 유력 정치인들과 약속도 끊이지 않는다. 하루가 바쁜 정치인 역시 한 번 식사에 효율적으로 여러 기자를 함께 보는 방식을 선호하기 때문에 서로 간의 이해관계가 맞는다.

오찬을 할 때는 마냥 식사만 하지는 않는다. 가끔 개인사도 얘기하면서 현안에 대한 자연스러운 질문을 꺼내 놓는다. 불만이 많은 취재원은 특히 좋다. 허심탄회한 마음을 들을 수 있기 때문이다. 가끔 점심시간에 폭탄주가 돈다면 더욱 실감 나는 얘기를 많이 들을 수 있다.

점심 때 들었던 내용들은 기억해 놨다가 취재에 활용하곤 한다. 물론 바로 쓸 순 없다. 추가 취재가 필요하기 때문이다. 가끔 내용이 헷갈릴 때면 '꾸미'원들과 함께 맞춰 보곤 한다. 정말 기사를 써야 할 때면 사전 양해를 구한다. 혼자 들은 정보가 아니기 때문이다.

식사 후 오후보고를 마친 뒤 발생 기사를 챙기거나 내일 자 아침기사를 마감한다. 저녁방송이 잡힐 경우 리포트를 완성하고 녹음까지 끝낸 뒤에 퇴근한다. 퇴근 후에는 또 다른 세상이 기다리고 있다. 여의도는 특히 저녁 약속이 활발한 편이다. 낮에 국회에서 각종 화려한 무대가 끝나고 난 뒤 밤에는 한층 마음을 내려놓고 소통할 수 있다. 어떤 정치인은 오히려 밤에 전화하면 잘 받는다. 주요 합의나 논의들도 대부분 밤에 어느 정도 조율되기도 한다. 이때는 정당을 가르지 않는 소통도 이뤄지게 마련이다.

저녁 약속에서 만난 취재원과는 한결 관계가 돈독해진다. 주고받았던 얘기들은 잘 기억해 났다가 기사에 활용하곤 한다. 물론 오고 가는 술잔으로 기억이 가물가물한 상황도 비일비재하다. 아무리 늦게 끝나도 다음 날 오전 6시 35분에는 다시 국회행 셔틀버스에 몸을 싣는다.

나의 현재 출입처는 경찰청 본청이다. 경찰청 본청 출입기자를 '바이스'라고 칭한다. 사건팀으로 치자면 캡(사건팀장) 바로 아래 부팀장이다. 오전 6시 35분에 집을 나서 보통 오전 8시 15분까지 본청에 출근한다. 그 사이 버스에서 조간신문과 인터넷 기사를 체크한다.

본청에 도착하고 나서는 1진 기자들의 보고가 올라오길 기다린다. 보통 사건팀은 서울을 동서남북으로 갈라, 마포-중부, 종로-혜화-북부, 영등포-관악, 강남-광진 등으로 담당을 나눈다. 각종 지역 사건과 일정, 타사 기사 등 보고를 죽 받아 보고 타사 주요 단독 기사는 확인 취재를 거친다. 이후 보고를 취합한 뒤 캡에게 보고한다. 아이템 회의를 마치고 나면 기사가 배당되고, 취재에 착수하게 된다.

사회부는 '꾸미' 문화가 좀처럼 없다. 관할 지역이 워낙 넓고, 협업보다는 단독 플레이 성격이 강하기 때문이다. 다만 점심 약속은 상부상조다. 누군가 점심 약속을 잡아 오면 품앗이하듯 다른 누군가 또 다른 점심 약속을 잡아 온다. 경찰팀이 만나는 취재원은 경찰뿐만 아니라 시민단체 활동가, 전문가 등 영역이 워낙 다양하다. 그만큼 대화 주제도 각양각색이다.

점심 식사를 마치고 난 뒤 석간신문과 인터넷 기사를 보고 오후보고를 작성한다. 1진 기자들의 보고를 받고 세부 지시사항을 내린다. 만약 내일 자 아침기사가 잡혔으면 열중해서 쓴다. 마감 이후에 저녁 약속이 있다면 이동한다. 가끔 점심 때 만난 취재원들과 낮술을 하는 경우도 있는데, 저녁 약속까지 겹치는 날이면 '박 터졌다'라고도 볼 수 있다. 기억을 잃는 날이 하나 더 생기는 셈이다.

어느 매체 어느 출입처를 가든, 타사 기사를 확인하고 아이템을 발제하고 기사를 마감하는 한편 점심·저녁 때 취재원을 만나는 일상은 거의 비슷하다. 그만큼 정보와 사람이 귀한 직업일 수밖에 없다.

3·6·9의 원칙

흔히 3년 차, 6년 차, 9년 차가 되면 이직이나 전직 생각에 들썩인다는 통설이다. 의도하진 않았지만 나도 3년 차에 회사를 옮겼고, 6년 차에 또 한 번 옮겼다. 현재는 9년 차를 넘겨 위기를 극복(?)한 상태다. 언론계에서 이직은 굉장히 활발한 편이다. 최근에는 스타트업으로 전직하는 사례도 잇따른다. 스타트업으로 전직하는 기자들의 명단을 정리한 '지라시'도 돈다. 오죽하면 '기렉시트'['기레기'와 '엑시트'(exit)를 절묘히 조합한 용어. '기레기'를 탈출, 즉 전직한다는 의미]라는 신조어가 다 생겼을까.

지망생들을 만나면 "이직이 쉽나요?"라는 질문을 많이 듣는다. 그리고 "마이너 매체로 시작해서 메이저로 갈 수 있나요?"라는 질문이 잇따른다. 어려운 공채 시험을 한 번에 뚫고 메이저 매체에서 시작하느냐, 조금이라도 취업이 수월한 마이너 매체로 가서 적응 후에 기회를 엿보느냐. 지망생 입장에선 충분히 할 수 있는 고민이고, 나 역시 충분히 고민한 지점이다. 결국 나는 주간지 인턴기자-정규직-통신사 경력 기자-방송국 경력 기자라는 경로를 거쳐 왔다.

이직을 경험한 기자들 상당수는 마음의 고향을 첫 회사로 생각한다. 그리고 둥지를 한 번 떠난 이상 평생 이방인이 될 수밖에 없다. 예전보다 덜하다고는 하지만, 언론계에는 여전히 특정 대학 출신이 많고 공채 출신이 우대받는 경향이 있다. 어떤 의미에서 이직한 기자는 더 치열하게 자신의 존재가치를 입증해 내야 한다. 용병에서 진정한 식구로 속하기까지 지난한 과정을 거쳐야 하는 것이다.

가장 좋은 건 처음부터 목표하는 언론사에, 최대한 노력해서 가는 것이다. 당연히 쉽지 않다. 만약 지쳤다면 차선책을 고민했으면 한다. 나중에 이직을 하더라도 첫 사회생활을 할 수 있는 언론사를 찾아보는 것이다. 어느 언론사를 지망하더라도 배울 점은 많다. 아는 기자 중에는 영업을 주로 하는 언론사를 경험한 뒤 발버둥을 쳐 종합지로 옮겨 간 경우도 있다. 결국 자기 하기 나름이다. 규모가 작은 매체에서 단독 기사가 계속 나오다 보면, 오히려 매체보다 기자 이름이 더욱 도드라지는 경우가 있다. 저런 척박한 환경에서 어떻게 저런 양질의 기사를 쓸까 하고 말이다. 어느 곳에서든 '낭중지추'가 되는 게 제일 좋다. 어느 조직에 있든 자신만의 존재감을 만드는 게 제일 중요하지 않을까.

에필로그_다시, 주사위를 던지며

어느덧 10년 차 기자가 됐다. 처음 기자 생활을 시작할 때 10년 차 선배를 보면 너무나 큰 산처럼 느껴졌다. 나도 저렇게까지 기자 생활을 할 수 있을까. 멀고 먼 길 같았는데 여기까지 오게 된 게 너무나 신기할 따름이다. 그만큼 시간은 걷잡을 수 없이 빠르고, 하루하루는 순식간에 지나간다. 그간 여러 위기도 많았고 굴곡도 많았다.

많은 일을 해 왔다고 생각했는데 막상 글로 풀어 쓰다 보니 기억 저편에서 사라진 내용들이 많았다. 무엇보다 나의 직업을 주제로 글을 쓰는 게 여간 어색하고 힘든 작업이 아니었다. '기자는 기사로 말한다'라는 인식이 있어서인지 기자들은 SNS에서 자기주장을 펼치거나 뭔가 자신을 홍보하는 데 익숙지 않은 경향이 있다. 기사로는 여러 변화와 개선을 주문하지만 언론계 자체는 변화와 개선에 어색해하기도 한다. 수십 년 지난 '뉴미디어', '디지털퍼스트'라는 용어가 지금도 회자되는 이유 중 하나다. 1인 미디어, 유튜브 시대가 도래했지만 일부 기자를 제외하고는 새로운 기술에 뛰어드는 데 발걸음을 망설이는 분위기도 역력하다.

그럼에도 변화는 점층적으로 이뤄져 왔다. 더 이상 '하리꼬미'는 존재하지 않는다. 선배가 욕설하거나 술을 강권하는 문화도 많이 없어졌다. 주 52시간 도입에 따라 야근은 당연시되지 않는다. 언론사 문화의 변화와 함께 1인 미디어의 범람 등으로 언론계는 새로운 시험대에 올라 있는 상태다. 회사에 충실히 다니고 출입처에서 열심히 기사를 생산하면 임무가 완수되는 시절도 서서히 저무는 듯하다. 기자 개개인에게 '플러스알파'가 요구되고 있기 때문이다.

이런 상황에서 뚜벅뚜벅 현재를 살아가는 기자들, 이 생활에 뛰어들고 싶은 지망생들에게 미약한 내 글이 작은 위로와 동질감을 불러일으켰으면 하는 바람이다. 절대 혼자만의 고민이 아니라고, 많은 사람들이 이미 그 고민을 거쳤으며 그 고민 뒤엔 또 다른 형태의 고민이 있다고, 그래도 같이 고민해 보고 이겨 내자고, 어중간한 스펙과 실력으로 10년을 버틴 기자가 여기 있다고, 다 같이 힘내자고 말이다.

한국언론진흥재단의 『2019 한국언론연감』(잠정수치, 2018년 반영) 자료에 따르면 언론 산업에 종사하는 기자직은 총 3만1364명이다. 갖가지 경험들을 글에 썼지만 나보다 훨씬 다양하고 훌륭한 경험을 한 기자들이 많다. 번데기 앞에서 주름을 잡는 게 아닌지 걱정은 된다. 다만 내 글을 보고 한 사람의 일상과 경험, 일대기는 얼마든지 한 권의 책이 될 수 있다는 자신감을 가지셨으면 좋겠다. 모든 삶과 사연은 그 자체로 소중하고 값지다.

책을 쓰면서, 나를 돌아보며 나의 언론관과 철학은 무엇일지 생각해 봤다. 신문방송학을 전공하면서 여러 저널리즘 이론 수업을 들었지만 사실 머릿속에서 다 지워졌다. 기억에 남는 저널리즘 이론이라고는 그 유명한 '침묵의 나선 이론'(여론이 형성되는 과정에서 자신의 입장이 다수의 의견과 동일하면 적극적으로 동조하지만, 소수의 의견일 경우에는 남에게 나쁜 평가를 받거나 고립되는 것이 두려워 침묵하는 현상)뿐이다. '저널리즘은 이런 것'이라고 평론하거나 분석할 실력도 되지 않는다. 그러다 보니 내 경험 위주로 내 시각과 생각을 담아냈다는 한계가 있다. 다만 꼭 이론에 정통하지 않더라도 기자가 어떻게 일을 하는가, 어떤 삶을 살아가는가, 어떤 고민을 하는가 등도 저널리즘의 영역일 수 있다는 생각이 들었다.

더 좋은 세상을 위해 내 삶의 철학을 온전히 실현하는 일, 바쁘고 힘든 와중에도 흔들리지 않고 뚜벅뚜벅 나아가는 일. 지겹고 나른한 일상일 수 있지만, 꾸준히 내가 걸어가는 길에 대한 자신감과 보람이 있다면 그것만으로도 충분히 잘하고 있고, 앞으로도 잘될 수 있다고 말하고 싶다.

'기레기', '기렉시트'에 이어 '기더기'까지. 기자라는 직업에 대한 신뢰도는 갈수록 떨어지고 여론의 시선도 나날이 차가워지고 있다. 어느덧 많은 사람들이 '기레기'라는 표현에 무감각해지는 슬픈 현실까지 나타나고 있다. 취재 환경은 갈수록 각박해지고 있다. '피의사실 공표 금지'라는 단단한 방어막을 뚫어 낼 재간도 없다. 기자에게는 수사권이나 강제권이 없기 때문이다. 오로지 휴대전화와 노트북, 두 발이 무기일 뿐이다. 여론은 악화되고 취재는 막히는 어려운 환경 속에서도 팩트 하나라도 찾기 위해, 문제를 따져 보기 위해 현장 기자들은 매일 진땀을 빼고 있다. 언젠가는 이러한 노력이 쌓여 빛을 보는 시점이 오지 않을까 간절히 기대해 본다.

현장에서 뛰는 기자들, 그 현장으로 가기 위해 또 뛰어가는 기자 지망생들, 숨이 차 잠시 쉬는 시간이 오더라도 신발 끈을 다시 조여 묶고 뛰는 시도는 계속했으면 좋겠다. 취재 결과가 좋지 않더라도, 단독을 못하더라도, 시험에 떨어지더라도, 시도라는 이름의 주사위를 계속 던지다 보면 숫자라는 결과는 계속 도출되지 않겠

는가. 설사 낮은 숫자라는 좋지 않은 결과가 나오더라도 주사위를
던질 권리는 여전히 나에게 있다.

졸필이지만 책을 쓰게 이끌어 준 나의 운명적인 친구, 편집자
지다율에게 고마움을 먼저 표하고 싶다. 또 항상 현장에서 바쁘게
뛰어다니고 묵묵히 궂은일을 마다치 않는 사건팀 후배들, 그리고
부족한 후배인 나를 늘 이끌어 주시는 사건팀 캡에게 감사함과 존
경심을 표한다.

2022년 8월 어느 날,
사건팀 회의를 위해 회사로 향하는 길에서,
박정환.

세월호 참사 현장.
어머니들은
실종된 아이들을 목 놓아 불렀다.
ⓒ박정환

구원파의 본산인 금수원에
취재진이 몰려들었다.
경찰 역시 대거 투입됐다.
©박정환

촛불집회는
폭발적으로 일어났다.
ⓒ박정환

박근혜 전 대통령
탄핵이 결정되던 날,
시민들이
서울역 대합실에서
TV를 보고 있다.
ⓒ박정환

자유한국당
전당대회의 열기는
뜨거웠다.
ⓒ박정환

조국 전 법무부 장관
국회 기자간담회는
너무 갑작스레 이뤄졌다.
ⓒ박정환

우리가 흐르던 자리에서

내 꿈의 편린 하나는 십몇 년 전 겨울, 어느 경찰서 주차장에 덩그러니 놓여 있다. 추웠고, 수십 일 동안 제대로 자지 못했으며, 종일 쌍욕을 듣던 시기였다. 할 수 있는 건 없으나 하지 말아야 할 건 많았다. 보고하고, 쌍욕 먹고, 보고하고, 쌍욕 먹고 사람 취급은 바랄 수 없었다. 그건 과욕이었다. 혹자는 '수습기자'의 '수'는 짐승 수(獸) 자라 했고, 어느 곳은 아예 획수 많은 '수' 대신 개 견(犬) 자를 써서 '견습기자'라 부른다고도 했다. 그딴 걸 농담이랍시고들 지껄였다. 차라리 뼈아픈 농담, 아니 어설픈 참담은 '사쓰마와리'를 '사슴앓이'로 읽는 것이었다. 나는 그때 제대로 앓지 못한 탓에, 그 겨울을 십수 년 동안 무한 재생해야만 했는가.

어떤 복합적인 상황 때문에(여전히 정리되지 않는 이유들로, 단한 가지 확실한 것은 죽음에 무뎌지기 싫어서), 나는 선배에게 쌍욕을 돌려주고 퇴사했다. '정보 보고'로 소문은 돌았을 테고(그로부터 몇년 뒤, 초면인 기자에게 들었다), 꼭 그 때문만은 아니겠지만, 아니 전적으로 내 무능의 소치겠지만, 나는 그 뒤로 짧은 인턴 및 프리 생활을 제외하고는 언론계에 재진입할 수 없었다. 나는 약간은 도피성으로 대학원에 갔다. 문학을 공부해 보겠다고 오랫동안 '시 쓰는 기자'가 되고 싶기는 했다. 결국 어느 쪽도 안 되긴 했지만.

좌우지간 그즈음 보고 들었던 몇 가지 일들은 특기해 둘 만하지 않나 싶다.

하나는 첫 회사 동기(라 부르기에도 민망하지만) 모임에 내가 처음이자 마지막으로 참석했을 때였다. 면구스러우면서도 술은 또마다치 않는 성격인지라, 함께 자리했을 것이다. 당시 처음으로 후배를 받았던 그들은 한껏 힘이 들어간 모습이었다(내 인상평일 뿐이다). 자연스레 이제 막 입사한 후배들이 화제가 되었고, 유독 튀는 신입 하나가 입길에 올랐다. 한 친구가 말했다. "내 밑으로 보내. 내가 조져 줄게."(비속어로 신입을 지칭했던 것 같기도 한데, 워낙 오래된 기억이라 정확지는 않다. 다만 큰따옴표 안의 표현만큼은 확실히 들었다고 할 수 있다.) 나는 거의 기함했다. 저 말을 뱉은 사람이 정말, 불과 2년 전 내 사수에게 쌍욕 먹고 나한테 울먹이며 고충을 털어놓던 그 친구가 맞는단 말인가? 폭력은 그리 쉽게 체화되고, 그리 오래 세습되어야만 하는가?

또 하나는 타사 동기(라 부르기에도 역시 민망하지만)의 부고를 듣고서였다. 짧은 시간이었지만, 더럽고 좁은 경찰서 기자실에서 함께 고생했던 친구였다. 얼마 전 이직했다는 소식을 듣고 축하를 전했는데 갑자기 세상을 떠났다니, 황망했다. 그의 죽음을 두고도 여러 말이 오갔다. 빈소에서 들은 바로는 큰 병을 앓았다고도 했고, '지라시'에 따르면 부당한 업무 지시에 대한 불만과 선배와의 불화가 극단적인 선택으로 이어졌다고도 했다('지라시'에서 나는 한 삶과 죽음에 대한 최소한의 예의도 찾을 수 없었고, 그게 또 분했다). 관련 기사에 의하면, 친구가 여러모로 힘들었던 것 같다. 잘잘못을 따지자는 것은 아니지만, 그가 근무 태만·지시 불이행·연락 두절 등을 이유로 상사에게 뺨을 맞았고 관련하여 징계를 받은 것은 사실인가 보다. 수습기간 중 '뻗치기' 때문에 건강이 악화됐고 온라인 기사 작성 지시에 대한 불만을 가진 것 역시. 퇴사할 때 그는 "이곳에서는 더 이상 기자를 할 수 없겠다"고 말했다고 한다. 그리고 그의 아버지는, 그가 기자로 기억됐으면 좋겠다고 말한 것으로 전해졌다.

'기레기'라는 말이 완전히 자리 잡은 것도 그즈음이었다. 먼 바다에서, 이제 막 봄인데, 숱한 꽃이 피기도 전에 졌다는 소문이 들렸다. 그때 나는 내 꿈이 진작 빠그라져서 다행이라고, 시도 못 쓰고 기사도 못 쓰는 처지라 정말 다행이라고, 고약한 안도를 하기도 했던 것 같다.

(야만은 곧잘 낭만이 된다. 그러니까 나도 항상 조심해야만 한다. 이미 틀린 것 같지만, 이제 본론을 말하자.)

그리고, 〈우리의 자리〉를 시작한다. '그래서'(로) 시작할 수도 있고, '그럼에도'(로) 시작할 수도 있겠지만, '그리고'(로) 시작하고 싶다. 희망을 찾아서 시작하는 것도 아니고, 절망을 극복하기 위해 시작하는 것도 아니기 때문이다. 그저 그냥, 일단 시작해 보고 싶기 때문이다.

〈우리의 자리〉는 언론·출판인 에세이 시리즈이다. 언제부턴가 '기레기'라는 오명이 자연스러워진 언론인들, 늘 불황이라면서도 스스로 그 길을 선택하여 걷고 있는 출판인들의 이야기를 듣고 싶었다. 욕먹어 싸더라도 그들의 역할은 여전히 중요하니까. 구조적인 문제로만 탓을 돌리기엔 개개인이 지금도 고군분투하고 있으니까. 언제까지고 이들을 비난하고 조롱해 봤자 나아지는 것은 없다. 그럴수록 우리가 사는 세상은 더욱 빠르게 망가질 것이다. 소명할 건 소명하고 반성할 건 반성해야 한다. 그리고, 그래서, 그럼에도, 이제는 다 함께 나아가야 한다. 우선 세 기자의 책을 동시에 펴내며, 이후에는 언론인과 출판인을 망라하여 시리즈를 이어 갈 생각이다. 이 시리즈가 우리 사회의 저널리즘과 출판정신에 어떻게 기여할 수 있을지 계속 고민해 보겠다.

그런데 왜, 에세이인가. 안 그래도 하고많은 게 에세이인데. 짧게 답하자면 에세이야말로 우리가 가장 잘 흐를 수 있는 자리라고 보았다. 사적일 수도 있고, 공적일 수도 있고, 가벼울 수도 있고, 무거울 수도 있고(특정할 수 없는 내용). 때론 시보다 아름답고, 때론 강령보다 강렬하며, 때론 매뉴얼보다 상세하기를(특정할 수 없는 형식). 우리가 있는 자리는 어디인가, 어디여야 하는가, 또 어디일 수 있는가. 이걸 함께 고민할 수 있는 자리가 에세이 말고는 떠오르지가 않았다.

시리즈의 첫발을 박정환·손정빈·고기자 세 명과 함께 뗄 수 있어서 기쁘다. 이들에게는 풍부한 경험과 깊은 사유가 있고, 무엇보다 미래가 있다. 우선, 박정환 기자는 좌고우면하지 않으며 정면 돌파한다. 그의 맘이 늘 기우는 곳은 현장이며, 그의 몸이 이미 가 있는 곳도 현장일 것이다. 대상에 육박하여 망설임 없이 부딪치는 몸이 그의 글에는 있다. 결정적인 순간에 주저하다 결국 주저앉고 마는 나는 오랫동안 그를 부러워했는데, 10년 새 저토록 멀리 가 버리다니, 친구로서 고맙고 또 미안하다. 더 멀리 가기를, 뒤에서 든든히 응원하겠다.

손정빈 기자의 글에는 무언가가 서려 있다. 나는 그 무언가를 잘 알지 못하고 결국 알 수 없을 터인데, 손 기자는 왠지 언젠가 알 아낼 것 같은 기분이다. 그는 영화라는 환영(幻影)을 끊임없이 좇으면서도, 그런 자신을 기꺼이 받아들이는 것처럼(歡迎) 보이기 때문이다. 영화에 대한 그의 사랑을, 개인적으로는 몇 년 만에, 소개할 수 있어서 얼마나 다행인지.

끝으로 고기자는, 박 기자와 달리 한곳에 오래 머무르는 것처럼 보인다. 그의 글은 계속 침잠하는 듯하다. 지금 멈춰 있는 듯 보이는 건(停滯), 진정한 자신(正體)을 고민하고 있기 때문일까? 잡지 『편집자는 편집을 하지 않는다』 인터뷰에서 시작한 인연이 단행본 『격자시공: 편않, 4년의 기록』을 거쳐 여기까지 왔다. 그러니 그는 또 나아갈 것이다. 어떻게든.

손정빈·고기자 두 저자와 함께 각각 호흡을 맞추며 책을 만든 김윤우·정지윤 편집자, 편않 책을 항상 아름답게 만드는 기경란 디자이너, 그리고 편앓에서 IT·번역 등을 맡고 있는 정지민 씨도 독자들께서 기억해 주시기를.

우리는 확고부동하지 않으며, 자리 역시 그러하다. 자리는 바뀌고 우리는 흐른다. 이 변화와 운동을, 나는 잠시나마 붙들어 세우려 하는가? 혼자만의 지지부진한 생각들과 지저분한 문장들 속에서, 바람 없는 지난 계절들은 그저 답답했다. 숨이 턱턱 막혔고, 앞으로 더 가빠질 것이었다. 줄탁은 동시여라. 이 계절을 뚫으려면 당신이 필요하다. 다시, 당신이.

이천이십이 년 팔월,
또 한 번 여름 속에서,
지다율 흐름.

저자 **박정환**

'박 기자'라는 호칭으로 불린 지 벌써 10년째다. 주간지 『일요신문』에서 기자 생활을 시작했고, 통신사 『뉴스1』으로 자리를 옮겼다가 방송사 CBS에 정착했다. 가끔 세상을 뒤흔들 만한 특종을 꿈꾸지만, 현실은 매번 발제와 마감에 허덕이는 평범한 기자다. 예상치 못한 일이 터지면 심각한 표정을 짓기보다 유머코드부터 찾는 낙천주의자다. 화려한 실력보단 소박한 꾸준함이 좋고, 직업 생활 역시 그렇게 이어 나가는 편이다.

편집자 **지다율**

오랫동안 '시 쓰는 기자'가 되고 싶었으나, 끝내 시도 기사도 쓰지 못했다. 지금은 출판공동체 편않에서 책을 만들며 저널리즘스쿨 오도카니를 운영하고 있다. 언제부턴가, 여름마다 『죽음의 한 연구』를 읽는다.

디자이너 **기경란**

출판공동체 편않에서 기획 및 디자인을 맡고 있다. 그리고 또 어딘가에서 북디자인을 하고 있다. '고전문학 덕후'라는 별명을 가지고 있다.

언론·출판인 에세이 시리즈 〈우리의 자리〉는

언론·출판 종사자가 각각 자신의 철학이나 경험, 지식, 제언 등을 이야기해 보자는 기획입니다. 언제부턴가 '기레기'라는 오명이 자연스러워진 언론인들, 늘 불황이라면서도 스스로 그 길을 선택하여 걷고 있는 출판인들 스스로의 이야기가 우리 사회의 저널리즘과 출판정신에 어떻게 기여할 수 있을지 계속 고민해 보려고 합니다.

출간 목록

『박정환의 현장: 다시, 주사위를 던지며』

『손정빈의 환영: 영화관을 나서며』

『고기자의 정체: 쓰며 그리며 달리며』

(근간)

『안영이의 레이어』

『믿기자의 고심』